Susanne
Amberger-Ochsenbauer

Zimmerfarne

So gedeihen sie am besten

Experten-Rat für Kauf, Pflege, und Vermehrung

Mit speziellen Pflegetips für beliebte Arten und Sorten

Mit Farbfotos von Jürgen Stork
und anderen Pflanzenfotografen
Zeichnungen: Marlene Gemke

GU GRÄFE UND UNZER

VORWORT INHALT

Üppig grünen soll es im Zimmer – und zwar rund ums Jahr! Nach dieser Devise holten sich schon unsere Urgroßeltern prächtige Farne in ihre Wohnräume. Seitdem gehören die immergrünen Exoten mit den eleganten Wedeln zu den beliebtesten Grünpflanzen überhaupt. Leider ist es mit ihrer Pracht oft allzu schnell vorbei, denn falsche Standorte und Pflegefehler lassen sie gilben und vertrocknen.
Susanne Amberger-Ochsenbauer, erfahrene Zierpflanzen-Expertin, sagt Ihnen in diesem GU Pflanzen-Ratgeber, wie tropische Farne artgerecht gepflegt werden, damit sie auch unter den weniger günstigen Bedingungen im Zimmer lange und prächtig gedeihen. Schritt-für-Schritt-Anleitungen, leicht nachvollziehbar für jeden, und zahlreiche Farbzeichnungen illustrieren das Know-How der Farnpflege, die vielfältigen Gestaltungsmöglich keiten mit diesen dekorativen Pflanzen sowie ihre erstaunlichen Vermehrungs-Strategien. In brillanten, speziell für dieses Buch aufgenommenen Farbfotos werden die beliebtesten Zimmerfarne, aber auch Raritäten und Farnverwandte, vorgestellt. Ein kleines Lexikon rundet das Farnwissen ab. Alles in allem eine Fundgrube für jeden Pflanzenliebhaber.
Viel Freude und Erfolg mit Zimmerfarnen wünschen Ihnen die Autorin und die GU Naturbuch-Redaktion.

Pellaea falcata.

Sichelfarn mit Sporenhäufchen.

Junge, sich gerade ausrollende Blätter von Asplenium antiguum.

Die Autorin
Dr. Susanne Amberger-Ochsenbauer, Diplom-Agraringenieurin der Richtung Gartenbau mit Schwerpunkt Zierpflanzen. Expertin für Zierpflanzen. Wissenschaftliche Mitarbeiterin am Institut für Bodenkunde und Pflanzenernährung der Fachhochschule Weihenstephan. Zahlreiche Veröffentlichungen, langjährige Beraterin der GU Naturbuch-Redaktion.

Die Fotos auf dem Umschlag
Umschlagvorderseite: Schwertfarn, *Nephrolepis exaltata.*
Umschlagseite 2: Sporentragender Wedel von *Pellaea falcata*.
Umschlagseite 3: Sortiment von Zimmerfarnen.
Umschlagrückseite: Frauenhaarfarn, *Adiantum raddianum.*

Wichtig: Damit Ihre Freude an Zimmerfarnen nicht getrübt wird, beachten Sie bitte die »Wichtigen Hinweise« auf Seite 63.

Lebende Fossilien mit ungewöhnlicher Botanik

Sporenmuster.

Üppiges Grün in allen Schattierungen, feingefiederte Blätter und elegante Formen – das sind die Vorstellungen, die Farne in uns erwecken. Darüber hinaus hält diese Pflanzenklasse, zu der man heute etwa 9500 Arten rechnet, aber noch viele Überraschungen für den interessierten Pflanzenliebhaber bereit.

Relikte aus der Steinkohlenzeit

Die Entwicklung der Farnpflanzen begann schon vor etwa 400 Millionen Jahren im Erdaltertum, lange vor der Entstehung der Samenpflanzen. Sie fanden ihre größte Verbreitung in der Steinkohlenzeit, in der riesige Wälder aus baumförmigen Farnen und Schachtelhalmen die Erde überzogen. Diese trugen wesentlich zum Aufbau unserer Steinkohlenlager bei. Als sichtbare Beweise werden immer wieder Farnversteinerungen gefunden, die es erlauben, die Vegetation der Karbonzeit zu untersuchen.
Das Auftreten der Farne fällt in eine sehr interessante Phase der Evolution. Das Leben, das ursprünglich im Wasser entstand, dehnte sich in diesem Zeitraum auch auf das Land aus. In der Pflanzenwelt ging dies einher mit der Entwicklung der Moos- und Farnpflanzen. Farnpflanzen, zu denen auch die fossilen Urfarne sowie Bärlappe und Schachtelhalme gehören, zählen also zu den ältesten höheren Landpflanzen.

Standorte in verschiedensten Klimaten

Gleichmäßige Wärme, Schatten und hohe Luftfeuchte, also typische Klimabedingungen des tropischen Regenwaldes, setzt man oft mit dem idealen Farnstandort gleich. Für viele der meist aus tropischen Regionen stammenden Zimmerfarne ist dies zutreffend. Dabei darf man jedoch nicht vergessen, daß Farne über die ganze Erde verbreitet vorkommen. Man denke nur an die auch bei uns heimischen Arten, wie den Frauenfarn (*Athyrium filix-femina*), den Wurmfarn (*Dryopteris filix-mas*) oder den Rippenfarn (*Blechnum spicant*).
Farne besiedeln auch Bereiche, in denen man nicht mit Vertretern dieser Pflanzengruppe rechnet. Verschiedene Arten sind bis in die subarktische Zone verbreitet oder gedeihen in alpinen Regionen wie die Schwarzbraune Steinfeder (*Asplenium trichomanes*) oder der Pfauenradfarn (*Adiantum pedatum*). Andere wachsen an besonders exponierten Stellen auf Felsen, so zum Beispiel der Schriftfarn (*Ceterach officinarum*). Sogar in Gebieten mit heißen und trockenen Jahreszeiten gibt es Farne, wie *Davallia denticulata*, die diese Perioden nach dem Eintrocknen des Laubes durch ihre Rhizome überstehen. Einen geradezu gegensätzlichen Standort haben sich Schwimmfarne wie *Salvinia* oder *Azolla* gesucht, die direkt auf dem Wasser leben.

Bodenständig oder in luftiger Höhe

Farne wachsen am heimatlichen Standort entweder in der Erde (terrestrisch) oder auf Bäumen (epiphytisch).
Die Erdbewohner kommen vielfach an Bach- oder Flußufern, an Quellen oder auf und zwischen Felsen (→ Foto, Seite 5) vor. Sie bevorzugen also meist feuchte, jedoch nicht nasse Standorte, die sich durch eine hohe Luftfeuchte und etwas gefiltertes Licht auszeichnen. Alles wichtige Hinweise für die entsprechende Pflege im Zimmer. Beispiel: Frauenhaarfarne (*Adiantum*).
Die Epiphyten besiedeln Baumstämme und Astgabeln (→ Foto, Seite 5) und kommen demzufolge mit wenig Substrat aus. Sie sind für die Deckung ihres Wasser- und Nährstoffbedarfes auf eine hohe Luftfeuchte und auf Regenfälle angewiesen. Durch den höher gelegenen Standort erhalten sie selbst im Urwald etwas mehr Licht, was man bei der Kultur berücksichtigen sollte. Beispiele: Geweihfarne (*Platycerium*) und der Nestfarn (*Asplenium nidus*). Beide fangen in ihrem, aus den Blättern gebildeten Behältnis herabfallende Zweige und Blätter auf und sammeln so im Laufe der Zeit Humus an. Epiphyten lassen sich auch in Töpfen ziehen. Man muß dann auf sehr lockeres, grobes Substrat achten.

Der epiphytisch wachsende Nestfarn (Asplenium) sammelt in seiner Rosette Humus an.

Terrestrisch und epiphytisch können manche Farne wachsen, die sich in bezug auf ihre Standorte als sehr flexibel erweisen. Dazu gehören viele Schwertfarnarten (*Nephrolepis*).

Erstaunliche Formenvielfalt

Farne bilden keine Blüten aus, machen dies aber durch einen enormen Formenreichtum wett, der in den Wuchs- und Blattformen deutlich zum Ausdruck kommt. Die Wuchsformen der Farne sind so unterschiedlich, daß sie schon allein deshalb viele Möglichkeiten zum Gestalten eröffnen. Farne wachsen

- aufrecht, wie der Lederfarn (*Arachniodes adiantiformis*),
- elegant überhängend, wie Frauenhaarfarne (*Adiantum*),
- hängend wie *Adiantum caudatum*, das sich gut für Ampeln, Epiphytenstämme oder eine Farnsäule eignet,
- kletternd, wie Kletterfarne (*Lygodium*), die sich an Stäben hochziehen lassen (→ Foto, Seite 56),

Die Hirschzunge (Phyllitis scolopendrium) ist ein terrestrisch wachsender Farn, der auch bei uns heimisch ist.

• baumförmig, wie verschiedene Rippenfarne (*Blechnum*), die im Alter kleine Stämmchen bilden, ganz zu schweigen von den großen Baumfarnen, deren Stämme bis 20 m hoch werden können.

Die Formen der Blätter unterstreichen noch die Vielfalt der Formenspiele (→ Foto, Seite 10/11). Neben den klassischen Wedeln, wie sie die Arten des Schwertfarns (*Nephrolepis*) besitzen, gibt es die ungeteilten Blätter des Nestfarns (*Asplenium nidus* oder *Asplenium antiguum*) und verschiedener anderer Arten. Im Gegensatz dazu treten auch ganz fein gefiederte Blätter auf, wie bei einzelnen Sorten des Frauenhaarfarns (*Adiantum*) oder des Schwertfarns (*Nephrolepis*).

Die Pflanzen mancher Gattungen entwickeln zweierlei Blätter. Diese Verschiedenblättrigkeit bezeichnet man als Heterophyllie. Zunächst bilden sich die Jugendblätter, die meist breitere Fiedern (→ Seite 7) und kürzere Blattstiele haben. Sie tragen keine Sporen (→ Seite 7), sind also steril. Mit zunehmendem Alter der Pflanze erscheinen die sporentragenden oder fertilen Wedel, die oft auf längeren Stielen sitzen, wie bei Saumfarnen (*Pteris*), straff aufrecht stehen und viel schmälere Fiedern besitzen, wie bei Rippenfarnen (*Blechnum*).

In anderen Gattungen, wie bei Königs-, Kronen- und Zimtfarn (*Osmunda*), die als Freilandpflanzen verwendet werden, entwickeln sich spezielle Wedel, die ganz oder teilweise nur Sporenfiedern tragen.

Die Anordnung der Sporenkapseln (→ Seite 8/9) auf den Blattunterseiten ist ebenfalls sehr vielgestaltig und kann ein wichtiges Unterscheidungskriterium für die Bestimmung der Pflanzen sein. Die Sporenkapseln sind in runden oder länglichen, nieren-, becher- oder streifenförmigen Gruppen, den Sori, zusammengefaßt (→ Zeichnungen, Seite 8/9).

Farne sind nicht nur grün

Grün in allen Schattierungen bestimmt das Erscheinungsbild der Farne, die durch fehlende Blüten keine bunten Farbakzente setzen können. Wer etwas genauer hinsieht, kann jedoch eine dezente und überraschende Farbenvielfalt an den Pflanzen entdecken.

Blätter und Stiele. Am auffälligsten wirken panaschierte, also grünweiß, grüngelb oder grünrot gemusterte (häufig gestreifte) Wedel. Im Austrieb sind die Blätter manchmal hellgrün oder rötlich. Das Farbenspektrum der Stiele reicht von Gelb über Grün und Braun bis zu Schwarz. Entweder zeigen die Stiele selbst diese Farben oder sie tragen braune, manchmal silbrig gefärbte Schuppen.

Rhizome. Interessante Blickpunkte sind auch oberirdisch kriechende Rhizome (→ Seite 7), die mit weißlichen, gelben, goldbraunen oder rotbraunen Schuppen besetzt sein können.

Sori und Sporen. Schön wirken auch die Sporenansammlungen auf der Unterseite der Blätter. Diese Sori sind oft in unreifem Zustand cremeweiß und verfärben sich bei der Reife braun. Verschiedene Arten besitzen auffällig gefärbte Sporenlager, zum Beispiel *Phlebodium aureum*. Dieser Farn ist für seine runden, goldgelben Sporenhäufchen bekannt. Interessante Kontraste ergeben schwarze Sporenstreifen auf weißgrün gestreiften Wedeln, wie sie viele Sorten des Saumfarns (*Pteris*) bilden. Bei *Pteris cretica* 'Albolineata' erinnern diese Pflanzenteile an graphische Kunstwerke. Die Sporen selbst sind schwarz, braun, grau oder gelb, aber auch Farne mit grünen Sporen sind bekannt, zum Beispiel *Platycerium wallichii*.

Befruchtung im Verborgenen

Farne bilden keine Blüten und Samen – und vermehren sich doch! Sie betreiben ihre Fortpflanzung in zwei ganz unterschiedlichen Phasen, weshalb man von einem Generationswechsel (→ Seite 8) spricht. In der ungeschlechtlichen Phase entstehen auf der Unterseite der Farnwedel die Sporen. Aus diesen treibt ein Vorkeim, auf dessen Unterseite sich weibliche und männliche Geschlechtsorgane entwickeln und damit die geschlechtliche Phase einleiten. Unter günstigen Bedingungen findet in dieser Phase die Befruchtung statt, aus der wieder eine neue Farnpflanze hervorgeht.

Wie Farne salonfähig wurden

Hinweise auf Farne, die sich in Europa in Kultur befanden, gibt es bereits aus der ersten Hälfte des 17. Jahrhunderts. Die heute bei uns vielfach gezogenen tropischen Farne wurden hauptsächlich vom Ende des 18. bis zur Mitte des 19. Jahrhunderts in Europa eingeführt. Für den Transport verwendete man häufig den von dem englischen Arzt Nathaniel Ward erfundenen Wardschen Kasten. Dieses geschlossene Glasgefäß kann man als Vorläufer der Flaschengärten (→ Zeichnungen, Seite 21) und Zimmervitrinen ansehen. Vitrinen und geschlossene Blumenfenster waren in der zweiten Hälfte des vergangenen Jahrhunderts sehr beliebt und ermöglichten eine erfolgreiche Kultur von Farnen, Orchideen und anderen tropischen Pflanzen. Entsprechend dem herrschenden Zeitgeist fertigte man große, aufwendig verzierte Behältnisse an, die die Salons der bürgerlichen Gesellschaft schmückten. In den heutigen kleinen Wohnungen muß man aus Platzgründen häufig auf diesen idealen Standort für tropische Farnarten verzichten.

Farnwissen im Überblick

Bulbillen
Brutknospen, die sich an Ausläufern oder auf den Blättern bilden (→ Foto, Seite 25). Aus ihnen können sich kleine Pflänzchen entwickeln.

Blattspindel
Hauptachse eines gefiederten Blattes (Rhachis, → Zeichnung 6a, Seite 9).

Einheitserden
Fertigsubstrate aus 60 bis 80 Vol.% Hochmoortorf und 20 bis 40 Vol.% Untergrundton mit unterschiedlichen Nährstoffgehalten. Die Standard-Typen besitzen einen pH-Wert von 5,5 bis 6,5. Für Farne sind die Typen P (mit niedrig dosiertem Dünger) oder ED 73 (mit Langzeitdünger) gut geeignet.

Epiphytisch
Lebensweise, bei der Pflanzen (Epiphyten) auf Bäumen wachsen, ohne von diesen zu zehren, also nicht als Schmarotzer (→ Foto, Seite 5).

Fertil
Fruchtbar, speziell bei Farnen sporenbildend.

Fieder
Teil eines zusammengesetzten (gefiederten) Blattes.

Heterophyllie
Vorkommen von zwei verschiedenen Blattformen an einer Pflanze (= Verschiedenblättrigkeit). Bei vielen Farnen bilden sich unterschiedliche fertile und sterile Wedel. Die sterilen Wedel sind meist kürzer gestielt und besitzen breitere Teilflächen. Die fertilen haben längere Stiele, tragen schmälere Fiedern und stehen straff aufrecht, was Vorteile bei der Sporenverbreitung mit sich bringt.

Indusium
Dünnes Häutchen (→ Zeichnung 1b, Seite 8), das bei vielen Farnen die sich entwickelnden Sori bedeckt und schützt (= Schleierchen). Die Form der Indusien ist charakteristisch für einzelne Gattungen und Arten. Werden sie durch die nach hinten umgeschlagenen Blattränder ersetzt, spricht man von Pseudoindusien oder Falschen Schleierchen (→ Zeichnung 2, Seite 8).

Panaschiert
Mehrfarbig (bei Blättern), zum Beispiel grünweiß, grüngelb, grünrot.

pH-Wert
Säuregrad. Für die meisten Zimmerfarne ist ein mäßig saurer pH-Wert des Substrats von 5 bis 6 günstig.

Prothallium
Geschlechtsgeneration der Farne. Flacher, lebermoosähnlicher, oft herzförmiger Vorkeim (→ Zeichnung 1d, Seite 8), der sich aus der Farnspore entwickelt.

Rhizome
Verdickte Sproßachsen, die sich meist unterirdisch waagrecht entwickeln und Speicher- oder Überdauerungsorgane darstellen. Bei verschiedenen Farnarten, wie dem Büchsenfarn (*Davallia*), wachsen sie auch oberirdisch kriechend (→ Foto, Seite 43).

Rindenhumus
Zerkleinerte, fraktionierte und kompostierte Rinde, überwiegend von Nadelhölzern. Wird in Anteilen von 30 bis 60% als Substratbestandteil verwendet. Grober Rindenhumus verbessert die Durchlüftung von Substraten und ist daher besonders für epiphytisch wachsende Farne geeignet.

Rindenkultursubstrate (RKS)
Fertigsubstrate mit Rindenhumus als Hauptbestandteil. Bestimmte Nährstoffgehalte und ein pH-Wert von 5,5 bis 7 sind bei RKS mit Gütesiegel garantiert. Von den verschiedenen Typen sollten für Farne die nährstoffarmen RKS 0 oder RKS 1 verwendet werden.

Sorus (Mehrzahl Sori)
Gruppen von Sporangien in unterschiedlichen Formen (→ Zeichnungen 2 bis 5, Seite 8/9). Sie bilden sich auf der Unterseite der Farnwedel.

Sporangium
Gestielte Kapsel, in der sich die Sporen entwickeln und aus der sie in reifem Zustand herausgeschleudert werden (→ Zeichnung 1c, Seite 8).

Sporen
Einzellige Fortpflanzungseinheiten, die bei Farnen auf der Unterseite der Wedel in den Sporangien entstehen.

Steril
Unfruchtbar, speziell bei Farnen nicht sporenbildend.

Terrestrisch
Auf dem Boden wachsend (→ Foto, Seite 5).

Torfkultursubstrate (TKS)
Fertigsubstrate aus Hochmoortorfen mit bestimmten Nährstoffgehalten und einem pH-Wert von 5 bis 6. Für Farne ist nährstoffarmes TKS 1 geeignet.

Der Generationswechsel

Farne zählen zwar bereits zu den höheren Pflanzen, bilden jedoch keine Blüten und Samen. Ihr Lebenszyklus zeigt einen ausgeprägten Generationswechsel, von dem man oft nur die eine Hälfte, nämlich die erwachsene Farnpflanze, kennt.

Der Sporophyt. So nennt man die eigentliche Farnpflanze, die sporenbildende Generation. Die winzigen Sporen entwickeln sich auf der Wedelunterseite in speziellen Behältern, den Sporangien (→ Zeichnungen 1a und 1b). Sie gehen aus einer Reduktionsteilung hervor, besitzen also nur den halben (haploiden) Chromosomensatz. Reife Sporen werden aus den Kapseln herausgeschleudert (→ Zeichnung 1c) und durch den Wind verbreitet. Finden sie geeignete Bedingungen, beginnen sie zu keimen.

Das Prothallium (→ Zeichnung 1d) entwickelt sich aus den keimenden Sporen. Es ist ein kleines, oft nur pfenniggroßes, flaches Gebilde, das auch Vorkeim genannt wird. Es ist gelappt, meist herzförmig, und besteht bis auf einen Bereich unter dem herzförmigen Einschnitt aus nur einer Schicht von Zellen, die ebenfalls nur über den halben Chromosomensatz verfügen. Es ist jedoch grün und fähig, sich wie die Blätter einer erwachsenen Pflanze zu ernähren. Durch wurzelähnliche, haarförmige Auswüchse (Rhizoide) wird das Prothallium im Untergrund verankert.

Auf der Unterseite des Prothalliums entwickeln sich die Geschlechtsorgane, es verkörpert also den Gametophyten oder die Geschlechtsgeneration. Im mehrzelligen Bereich unterhalb des herzförmigen Einschnitts entstehen die weiblichen Geschlechtsorgane (Archegonien). Sie sind mit ihrem unteren Teil, der die Eizelle birgt, in das Gewebe des Vorkeims eingesenkt, der obere Teil ragt als Hals heraus. Zwischen den wurzelähnlichen Auswüchsen (Rhizoiden) bilden sich die männlichen Geschlechtsorgane (Antheridien). Sie entlassen schließlich die beweglichen männlichen Fortpflanzungszellen (Spermatozoiden), die zu den weiblichen Geschlechtsorganen schwimmen und die Eizelle befruchten. Damit dies alles geschehen kann, ist ein Flüssigkeitsfilm erforderlich, der durch Regen- oder Tautropfen geschaffen wird. Durch die Verschmelzung der beiden Fortpflanzungszellen, von denen jede nur einen halben (haploiden) Chromosomensatz besitzt, entsteht die Zygote, die nun wieder den vollen (diploiden) Chromosomensatz enthält. Direkt aus ihr entwickelt sich eine neue Farnpflanze (→ Zeichnung 1e). Sobald sie groß genug ist, um allein existieren zu können, stirbt das Prothallium ab.

2 Sporenhäufchen unter umgeschlagenen Blatträndern (Adiantum).

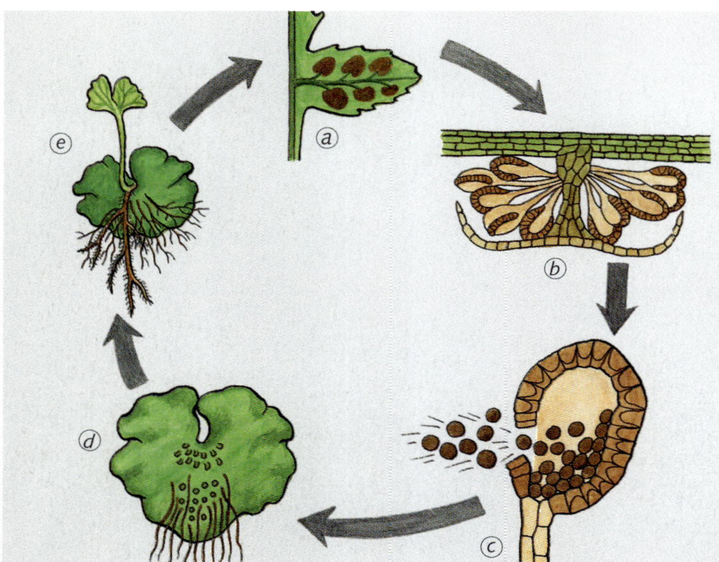

1 Generationswechsel. ⓐ Fieder mit Sporenhäufchen (Sori). ⓑ Querschnitt durch Sorus mit Sporenkapseln und Schleierchen. ⓒ Reife Sporen werden aus der Kapsel geschleudert. ⓓ Vorkeim. ⓔ Nach der Befruchtung entwickelt sich eine neue Pflanze.

3 *Kreisrunde Anordnung der Sporenkapseln bei Tüpfelfarnen.*

4 *Bei Saumfarnen (Pteris) säumen Sporenlager die Blattfiedern ein.*

5 *Streifenförmige Sori bei Nestfarnen (Asplenium).*

Sporen, Sporangien, Sori
Die Form der Sporen und Sporangien (Sporenkapseln) ist je nach Farnart unterschiedlich. Die Sporangien sind in charakteristischen Gruppen zusammengefaßt, die Sori (→ Zeichnung 1b) genannt werden. Während ihrer Entwicklung sind sie meist durch Auswüchse der Blätter (Schleierchen, Indusien), durch Haare oder Schuppen geschützt. Werden sie durch die nach hinten umgeschlagenen Blattränder bedeckt, spricht man von Falschen Schleierchen (Pseudoindusien). Sie kommen bei Frauenhaarfarnen (*Adiantum*, → Zeichnung 2) oder Saumfarnen (*Pteris*, → Zeichnung 4) vor.
Die Sori können kreisrund sein, wie bei Tüpfelfarnen (*Polypodium*, → Zeichnung 3). Bei den Schildfarnen (*Polystichum*) tragen sie schildförmige Schleierchen. Schwertfarne (*Nephrolepis*) besitzen nierenförmige Sori (»Nierenschuppenfarn«). Büchsenfarne (*Davallia*) bilden becherförmige Indusien. Interessante Muster ergeben sich durch längliche Sori. Bei Rippenfarnen (*Blechnum*) verlaufen sie auf den schmalen Fiedern ganz nah an den Mittelrippen, bei Saumfarnen (*Pteris*) oder Pellefarnen (*Pellaea*) am Blattrand.
Bei Nestfarnen (*Asplenium*-Arten, → Zeichnung 5), die auch Streifenfarne heißen, stehen sie in Streifen quer oder schräg zur Mittelrippe. Bei Geweihfarnen (*Platycerium*) bedecken die Sporenbehälter als braune oder schwarze Flecken ganze Flächen der Blattunterseite (→ Foto, Seite 51). Je nach Art findet man diese an den Spitzen der Blattlappen oder unterhalb der Einbuchtungen.

Was ist ein Wedel?
Die meist fein zerteilten Blätter der Farne – die Wedel – bestehen aus vielen Fiederblättchen, die an einer Blattspindel (Rhachis, → Zeichnung 6a) sitzen.
Einfach gefiederte Wedel. Einzelne, ungeteilte Fiederblättchen (→ Zeichnung 6b) treffen an der Hauptblattspindel zusammen. Beispiel: Schwertfarne (*Nephrolepis*).
Zwei-, drei- oder vierfach gefiederte Wedel. Die Fiedern unterteilen sich auf die gleiche Weise noch zwei- oder mehrfach (→ Zeichnung 6c). Beispiele: Schildfarn (*Polystichum tsus-simense*, zweifach), Büchsenfarn (*Davallia trichomanoides*, drei- bis vierfach).
Fiederteilige Wedel. Die Unterteilung des Blattes reicht nicht ganz bis zur Blattspindel. Beispiel: *Phlebodium aureum*.
Andere Blattformen. Es gibt auch Farne mit handförmig geteilten (Speerfarn, *Doryopteris pedata*) oder mit grob gelappten Blättern (Geweihfarne, *Platycerium*). Ungeteilte Blätter treten häufig bei Nest- oder Tüpfelfarnen auf. Zur Vielfalt der Blattformen → Foto, Seite 10/11.

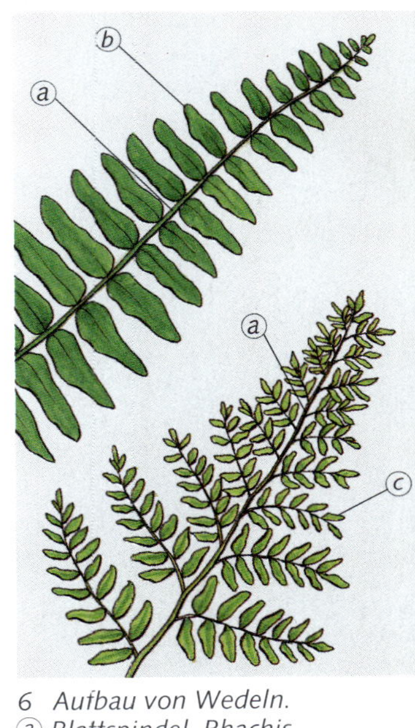

6 *Aufbau von Wedeln.*
ⓐ *Blattspindel, Rhachis.*
ⓑ *Einfach gefiederter Wedel.*
ⓒ *Zweifach gefiederter Wedel.*

Blattformen – Einfallsreichtum der Natur

Farne überraschen durch ihre riesige Palette an Wedelformen. Es gibt sowohl einfache Strukturen, wie ungeteilte Blätter (3, 8) oder einfach gefiederte (2, 5, 7). Häufig sind sie jedoch auch stärker untergliedert (1).
Bei einzelnen Sorten findet man immer wieder Fiedern mit gekrausten Enden. Oft treten an ein und derselben Pflanze verschiedene Grade der Blattfiederung auf. Im unteren Bereich der Wedel sind die Seitenfiedern größer und dadurch mehrfach unterteilt, zur Spitze zu dann nur noch einfach gefiedert. Auch eine Mischung von gefiederten und fiederteiligen Strukturen kann man häufig beobachten (6). Variationen ergeben sich außerdem durch ungleich große Einzelfiedern (4) und eine unterschiedliche Gestaltung des Blattrandes, der gezähnt (2), gewellt (5) oder gebuchtet (8) sein kann.

① *Adiantum raddianum 'Fragrantissimum'.*
② *Cyrtomium falcatum.*
③ *Hemionitis arifolia.*
④ *Pteris cretica 'Albolineata'.*
⑤ *Nephrolepis exaltata 'Teddy Junior'.*
⑥ *Pteris fauriei.*
⑦ *Blechnum gibbum.*
⑧ *Asplenium nidus 'Fimbriatum'.*

Feuchtwarmer Platz ohne Sonne gesucht

Asplenium nidus.

Gesunde Farne zaubern durch ihr frisches Grün und üppiges Wachstum einen Hauch von tropischem Regenwald ins Zimmer. Damit die Freude an den grünen Zimmergenossen aber nicht nur kurze Zeit währt, sollte man sich bereits vor dem Kauf gut informieren, welche Bedingungen diese Pflanzen benötigen.

Der ideale Standort für Zimmerfarne

Die Klasse der Farne ist auf der ganzen Erde in den unterschiedlichsten Klimaten zu Hause.
Nicht alle Farne lassen sich jedoch im Zimmer kultivieren. Die Farne, die sich auch in unseren Behausungen erfolgreich pflegen lassen, stammen vorwiegend aus tropischen oder subtropischen Klimaten. Oft sind sie in Regenwäldern beheimatet, wo sie häufig an Flußufern, an Quellen, auf bemoosten Felsen oder als Epiphyten auf Baumstämmen wachsen. In warmen, schattigen Gewächshäusern mit hoher Luftfeuchte versuchen Gärtner, den Pflanzen ähnliche Bedingungen zu schaffen. Tatsächlich fühlen sich Zimmerfarne in den Tropenhäusern der Botanischen Gärten wie zu Hause. Der Umzug in eine moderne Wohnung bedeutet für die Pflanzen oft eine drastische Umstellung. Damit sie auch im Zimmer gedeihen, müssen gewisse Mindestansprüche an Temperatur, Luftfeuchte und Licht erfüllt werden.

Temperatur

Farne tropischer Herkunft, wie zum Beispiel viele Frauenhaar-, Büchsen- oder Geweihfarne (*Adiantum, Davallia* und *Platycerium*), sind auf ganzjährig gleichmäßige Temperaturen angewiesen. Ideal ist in vielen Fällen eine Temperatur von 25 °C, die üblichen Zimmertemperaturen von 18 bis 20 °C reichen jedoch aus. Im Winter oder nachts können die Temperaturen sogar bis auf 16 °C absinken.
Farne aus subtropischen oder gemäßigten Regionen wünschen dagegen etwas kühlere Temperaturen. Zu ihnen zählen *Adiantum hispidulum, Cyrtomium falcatum, Pellaea rotundifolia* und *Polystichum tsus-simense*. Sie kommen in der Regel mit 16 °C, im Winter und nachts auch mit 12 °C aus.

Luftfeuchte

Grundsätzlich gilt, daß die Luft in unseren zentralbeheizten Wohnungen für Zimmerfarne viel zu trocken ist. Besonders wichtig ist eine hohe Luftfeuchte für Frauenhaar-, Rippen- und Schwertfarne (*Adiantum, Blechnum* und *Nephrolepis*). Sie gedeihen am besten in einem geschlossenen Blumenfenster oder in einer Vitrine. Eine Alternative: Stellen Sie solche Pflanzen in Räume, in denen die Luftfeuchte zumindest zeitweilig über den Durchschnitt ansteigt, zum Beispiel in Bad oder Küche. In anderen Wohnräumen muß man unbedingt zusätzliche Maßnahmen zur Erhöhung der Luftfeuchte ergreifen (→ Seite 18).

Licht

Farne gelten in bezug auf die Lichtbedürfnisse als wenig anspruchsvoll. Es gibt zwar Arten, die an Waldrändern oder auf Klippen wachsen und dort Sonne und Wind ausgesetzt sind, unsere Zimmerfarne jedoch vertragen durchwegs keine direkte Sonne. Dies heißt nicht, daß alle Arten sehr dunkel stehen wollen. Für die meisten ist etwas gefiltertes Licht ideal, was von Gärtnern mit dem Begriff halbschattig bezeichnet wird.
Ost- und Westfenster, die nur die Morgen- oder Abendsonne erhalten, sind deshalb ideale Standorte.
Nordfenster sind nur für Farne geeignet, die dunkle Standorte vertragen (→ Tabelle, Seite 14).
Südfenster eignen sich für Farne normalerweise nicht. Möchten Sie an diesem Standort nicht auf Farne verzichten, dann sorgen Sie im Frühjahr/Sommer in den Mittagsstunden für Schatten oder stellen Sie die Pflanzen vom Fenster weg.

Farne im Aquarium.
Solche Arrangements sind nicht nur ein besonders attraktiver Blickfang, sondern bieten durch eine erhöhte Luftfeuchte den Pflanzen auch gute Wachstumsbedingungen. ▷

Mein Tip: Nehmen Sie nicht Ihr Helligkeitsempfinden als Maßstab für das Lichtbedürfnis der Pflanzen. Standorte weit im Inneren des Raumes hinter dichten Gardinen oder an der Außenwand neben einem Fenster können sogar für Farne zu dunkel sein. Auskunft über die Lichtintensität geben Ihnen Luxmeter, die im Fachhandel erhältlich sind. Zimmerfarne benötigen je nach Art mindestens 500 bis 1000 Lux.

Tips für den Kauf

Farnpflanzen finden Sie in Gärtnereien, Blumengeschäften und Gartencentern. Qualität und Beratung erhalten Sie am besten im Fachgeschäft.

Vorsicht bei Pflanzen

- mit schwachem Wuchs,
- mit deformierten Blättern,
- mit braunen Blättern, Blattfiedern oder Blattspitzen (Ausnahme: Nischenblätter beim Geweihfarn),
- mit fahlgrünen Blättern (Ausnahmen: Arten mit blaugrünen Blättern, wie *Phlebodium aureum,* oder bereiften Blättern wie beim Geweihfarn),
- mit trockenem Wurzelballen,
- mit Gespinsten oder Schädlingen.

Wichtig bei der Eingewöhnung:

- Achten Sie in der ersten Zeit auf beste Bedingungen, vor allem bei der Luftfeuchte. Die Pflanzen sind vom Gewächshaus her verwöhnt und benötigen eine gewisse Anpassungszeit, nach der sie oft erstaunlich belastbar sind.
- Neu gekaufte Pflanzen nicht sofort in größere Töpfe umsetzen. Meist müssen die Farne erst nach einem Jahr oder noch später umgetopft werden.
- Da das Substrat fast immer auch mit einem Düngervorrat für die nächsten Wochen versehen ist, sollte man mit dem Düngen (→ Seite 17) erst nach etwa 4 Wochen beginnen.

Farne für schattige Standorte

Brutfarne, *Asplenium*-Arten (→ Seite 38/39)
Büchsenfarne, *Davallia* (→ Seite 43)
Doppelhüllenfarne, *Didymochlaena* (→ Seite 44)
Kleiner Schuppenfarn, *Microlepia* (→ Seite 45)
Saumfarne, grünlaubige *Pteris*-Arten (→ Seite 54/55)
Sichelfarne, *Cyrtomium* (→ Seite 42)

Farne, die niedrige Luftfeuchte vertragen

Geweihfarne, *Platycerium* (→ Seite 50/51)
Knopffarne, *Pellaea* (→ Seite 48)
Nestfarn, *Asplenium nidus* (→ Seite 38/39)
Phlebodium, *Phlebodium* (→ Seite 49)
Schildfarne, *Polystichum tsus-simense* (→ Seite 53)
Sichelfarne, *Cyrtomium* (→ Seite 42)

Farne, die sich für Hydrokultur eignen

Frauenhaarfarne, *Adiantum* (→ Seite 36/37)
Knopffarne, *Pellaea* (→ Seite 48)
Nestfarn, *Asplenium nidus* (→ Seite 38/39)
Phlebodium, *Phlebodium* (→ Seite 49)
Saumfarne, *Pteris* (→ Seite 54/55)
Schwertfarne, *Nephrolepis* (→ Seite 46/47)
Sichelfarne, *Cyrtomium* (→ Seite 42)
Tüpfelfarne, *Polypodium* (→ Seite 52)

Farne für Ampeln

Brutfarne, *Asplenium*-Arten (→ Seite 38/39)
Büchsenfarne, *Davallia* (→ Seite 43)
Frauenhaarfarne, *Adiantum* (→ Seite 36/37)
Geweihfarne, *Platycerium* (→ Seite 50/51)
Schwertfarne, *Nephrolepis* (→ Seite 46/47)

Farne für Epiphytenstämme

Büchsenfarne, *Davallia* (→ Seite 43)
Geweihfarne, *Platycerium* (→ Seite 50/51)
Nestfarne, *Asplenium nidus* *Asplenium antiguum* (→ Seite 38/39)
Schwertfarne, *Nephrolepis* (→ Seite 46/47)

Farne für Moossäulen

Büchsenfarne, *Davallia* (→ Seite 43)
Geweihfarne, *Platycerium* (→ Seite 50/51)
Nestfarne, *Asplenium nidus* *Asplenium antiguum* (→ Seite 38/39)
Schwertfarne, *Nephrolepis* (→ Seite 46/47)

Kleine Farne für Flaschengärten

Frauenhaarfarn, *Adiantum* 'Fritz Lüthi' (→ Seite 36/37)
Hemionitis arifolia (→ Seite 57)
Knopffarne, *Pellaea* (→ Seite 48)
Saumfarne, kleine *Pteris*-Arten (→ Seite 54/55)
Speerfarne, *Doryopteris* (→ Seite 44)
Schildfarne, *Polystichum tsus-simense* (→ Seite 53)
Strahlenfarn, *Actiniopteris australis* (→ Seite 56)

Leben wie im tropischen Regenwald

Sprühen.

Viele halten Farne für komplizierte Zimmerpflanzen. Wer jedoch ihre speziellen Bedürfnisse beachtet, stellt mit Überraschung fest, wie prächtig seine grünen Zöglinge auch im Zimmer gedeihen. Hat man Räume oder Vorrichtungen zur Verfügung, in denen man ähnliche Bedingungen wie im tropischen Regenwald schaffen kann, dann bereiten diese Pflanzen so gut wie keine Mühe.

Unter idealen Bedingungen (→ Seite 12) fallen bei Zimmerfarnen nur Gießen, Düngen sowie gelegentliches Sprühen und Umtopfen als Pflegearbeiten an. Im Vergleich zu Blütenpflanzen gibt es viel weniger zum Ausputzen, da nichts Verblühtes entfernt werden muß. Sie müssen auch nicht – wie bei manchen anderen Zimmerpflanzen – für unterschiedliche Temperaturen im Tag-, Nacht- oder jahreszeitlichen Wechsel sorgen, denn Gleichmäßigkeit bekommt Farn-Pfleglingen ohnehin am besten. Noch weniger Aufwand hat, wer seinen Farnen ein Gewächshaus, ein geschlossenes Blumenfenster oder eine Vitrine mit entsprechender Klimatisierung bieten kann. Meist ist dies nicht die Regel und macht deshalb eine erfolgreiche Haltung von Zimmerfarnen schon etwas aufwendiger.

Das optimale Gießwasser

Unser Trinkwasser enthält Bestandteile, die den Pflanzen als Nährstoffe dienen, und andere, die schädlich auf sie wirken, besonders in zu hohen Konzentrationen.

Die Qualität des Gießwassers hängt hauptsächlich von der Härte, dem Gesamtsalzgehalt und spezifisch negativ wirkenden Stoffen ab.

Die Wasserhärte. Verwenden Sie zum Gießen Ihrer Farne möglichst kein hartes Wasser. Man unterscheidet zwei Arten der Wasserhärte, die in Grad deutscher Härte (°dH) angegeben werden.

- Die Gesamthärte (°dGH), die als Maß im Haushalt Verwendung findet, entsteht durch Calcium- und Magnesiumsalze. Wasser mit mehr als 12 °dGH gilt als hart.
- Die Karbonathärte (°dKH) stellt häufig den Hauptbestandteil der gesamten Wasserhärte dar. Sie ist für Pflanzen entscheidend, denn sie läßt beim Gießen mit hartem Wasser den pH-Wert im Substrat ansteigen. Dadurch können bestimmte Nährstoffe (vor allem Spurenelemente) von der Pflanze nicht mehr gut aufgenommen werden.

So erhalten Sie weiches Wasser.

- Sammeln Sie Regenwasser.
- Geben Sie Enthärtungsmittel in das Wasser. Sie sind im Fachhandel in pulveriger oder in flüssiger Form erhältlich.
- Praktisch sind Gießkannen mit speziellen Filter-Einsätzen.

Achtung. Zu weiches Wasser oder Wasser aus bestimmten Enthärtungsanlagen kann ebenso zu Problemen führen wie zu hartes Wasser. Neben dem Fehlen der wichtigen Calcium- und Magnesium-Ionen wirkt vor allem der hohe Gehalt an Natrium-Ionen, der durch den Enthärtungsprozeß erzeugt wird, schädlich auf die Pflanzen.

Mein Tip: Am besten mischen Sie enthärtetes Wasser (oder Regenwasser) mit Leitungswasser oder gießen abwechselnd mit einem von beiden. Je härter das Leitungswasser ist, desto größer sollte der Anteil des aufbereiteten Wassers sein.

Der Gesamtsalzgehalt. Farne gehören zu den besonders salzempfindlichen Pflanzen-Arten, deshalb sollte der Gesamtsalzgehalt – er wird als elektrische Leitfähigkeit (mS/cm) gemessen – nicht zu hoch liegen.

Negativ wirkende Stoffe sind vor allem Natrium und Chlorid. In zu hohen Konzentrationen beeinträchtigen sie Wachstum und Gesundheit der Pflanzen.

Mein Tip: Sie können sich bei Ihrem zuständigen Wasserwerk nach den Werten Ihres Leitungswassers erkundigen. Folgende Werte sollten langfristig nicht überschritten werden:
Karbonathärte: 10 °dKH
Leitfähigkeit: 0,4 mS/cm
Natrium: 50 mg/l
Chlorid: 50 mg/l.

Bei der hohen Luftfeuchtigkeit im Badezimmer fühlen Farne sich wohl.

Gießen mit Gefühl
Farne sind als feuchtigkeitsliebend bekannt und extrem empfindlich gegenüber einem Austrocknen des Wurzelballens.
Austrocknen vermeiden! Vergißt man beispielsweise bei Frauenhaarfarnen (*Adiantum*) einmal über mehrere Tage das Gießen, wird der Wurzelballen trocken, und von der frischgrünen Pracht der Wedel bleiben nur noch verdorrte, fahlgrüne oder braune Reste übrig, die sich auch nach dem Gießen nicht mehr erholen. Das Tückische an diesem Vorgang ist, daß er sich im Gegensatz zu anderen Pflanzen nicht über einen längeren Zeitraum durch Welken der Blätter ankündigt, sondern sehr schnell abläuft. Wenn die Spitzen der jungen Wedel welk herabhängen, kann es für die ganze Pflanze bereits zu spät sein.
Keine Staunässe! Sie entsteht, wenn man die Pflanzen zu oft oder zu stark gießt und das überschüssige Wasser im Untersatz oder Übertopf beläßt, und wirkt sich bei Farnen besonders schlimm aus. Die Wurzeln finden dann nicht mehr den nötigen Sauerstoff im Substrat, den sie brauchen, um Wasser und Nährstoffe aufnehmen zu können.
Goldene Gießregel. Zimmerfarne richtig gießen, heißt also, sie gleichmäßig feucht zu halten. Gießt man von Hand, sollte man täglich die Feuchtigkeit des Substrats mit den Fingern prüfen und bei Bedarf die Wassergabe so bemessen, daß der Topfballen gut feucht wird. Nach etwa 15 Minuten überschüssiges Wasser im Untersatz oder Übertopf wegschütten.

Spezielle Gießmethoden für Zimmerfarne

Die halbautomatische Bewässerung mit Tonkerzen (→ Zeichnung c, Seite 18) ist für Farne besonders gut geeignet, da sie für eine ständige, gleichmäßige Feuchtigkeit des Topfballens sorgt. Dabei steckt man in jeden Topf einen Tonkegel, der über einen dünnen Schlauch mit einem Vorratsgefäß mit Wasser oder Düngerlösung verbunden ist. Die Pflanze saugt aus dem Substrat Wasser auf, das laufend durch die poröse Tonkerze aus dem Vorratsgefäß nachgeliefert wird. Die Feuchtigkeit im Substrat läßt sich regeln, indem Sie das Vorratsgefäß verschieden hoch aufstellen. Steht es genauso hoch wie die Pflanze, so dringt mehr Feuchtigkeit ins Substrat als bei tieferem Stand.
Wenn Sie auf diese Art der Bewässerung umstellen, sollten Sie anfangs die Feuchtigkeit im Topfballen öfter überprüfen und gegebenenfalls das Vorratsgefäß tiefer oder höher plazieren. Diese Aufmerksamkeit wird nach einiger Zeit dadurch belohnt, daß man nur noch gelegentlich Kontrollen vornehmen muß und sich ansonsten auf das Auffüllen des Vorratsgefäßes beschränken kann. Außerdem sammeln Sie nach und nach Erfahrungswerte über den Wasserverbrauch und können abschätzen, wie viele Tage man die Pflanzen sich selbst überlassen kann, wenn man einmal wegfährt.
Das Tauchen ist eine weitere ideale Methode, Farne zu bewässern. Besonders günstig ist diese Art der Wasserversorgung für Pflanzen in Lattenkörbchen oder auf kleinen Epiphytenstämmen. Aber auch für Farne in Töpfen ist sie gut geeignet, denn auf diese Weise kann sich der Wurzelballen ganz mit Wasser vollsaugen.
So wird's gemacht:
Pflanze mit dem gesamten Topfballen so lange in einen Eimer mit Wasser tauchen, bis keine Luftperlen mehr aufsteigen. Dann das überschüssige Wasser im Waschbecken oder über der Badewanne 15 Minuten lang ablaufen lassen. Wenn man einmal das Gießen vergessen hat, gehört das Tauchen des Wurzelballens zur Notversorgung. Anschließend vertrocknete Wedel abschneiden. Stand die Pflanze nicht zu lange trocken, kann sie wieder neu austreiben.

Düngen – gewußt wie

Pflanzen in Töpfen steht nur ein eng begrenzter Raum mit wenig Substrat zur Verfügung, so daß die Nährstoffe relativ schnell aufgebraucht werden. Die Möglichkeit, daß Pflanzennährstoffe aus tieferen Schichten nachgeliefert werden oder daß Humus entsteht, wie dies am natürlichen Standort geschieht, besteht im Pflanzgefäß nicht. Aus diesem Grund muß man für ausreichenden Ersatz sorgen.
Günstige Dünger für Zimmerfarne.
Die für die Pflanzen wichtigen Nährstoffe lassen sich von der benötigten Menge her in Haupt- und Spurenelemente einteilen. Zu den Hauptnährelementen zählen Stickstoff (N), Phosphor (P), Kalium (K), Magnesium (Mg), Kalzium (Ca) und Schwefel (S). Verwenden Sie für Ihre Zimmerfarne einen flüssigen Mehrnährstoffdünger (Volldünger), in dem Stickstoff, Phosphor und Kalium in ausgeglichenem Verhältnis vorkommen. Sie erkennen dies an der Beschriftung der Verpackung. Dort ist das Nährstoffverhältnis meist als $N+P_2O_5+K_2O$ angegeben, zum Beispiel im Verhältnis 8+8+6. Handelsübliche Flüssigdünger für Blattpflanzen sind gut geeignet. Meist enthalten sie auch die notwendigen Spurenelemente Eisen, Mangan, Kupfer, Zink, Molybdän und Bor.
Eine elegante und zeitsparende Methode der Nährstoffversorgung bietet sich mit der Verwendung von Langzeitdüngern an. Diese Produkte geben die Nährstoffe langsam an das Substrat ab und sorgen über viele Wochen für eine gleichmäßige Nachlieferung, ohne daß die Salzkonzentration zu hoch ansteigt.
So düngen Sie richtig. Dosieren Sie den Dünger für Farne sehr niedrig. Bei Flüssigdüngern reicht die Hälfte der für Grünpflanzen empfohlenen Menge aus. Als Konzentration verwendet man meist 0,05 %, das entspricht 0,5 g Dünger je Liter Wasser. Sie können diese Düngeflüssigkeit durch das Gieß- oder Tauchwasser verabreichen oder gelegentlich auch auf die Pflanzen sprühen.
Für die meisten Farne ist es günstig, wenn man sie in 14tägigem Abstand mit Dünger versorgt. Einige brauchen mehr Nährstoffe und deshalb eine wöchentliche Düngergabe, anderen reichen Gaben in vierwöchigem Abstand. Genaue Düngeangaben zu den einzelnen Gattungen finden Sie in den Pflanzenporträts (→ Seite 34 bis 59).
Tropische Farne sind am Naturstandort nicht an einen ausgeprägten Wechsel zwischen Wachstums- und Ruheperiode innerhalb des Jahres gewöhnt. Unter unseren Klimabedingungen wird ihnen aber durch das geringere Lichtangebot eine Ruheperiode im Winter aufgezwungen. Düngen Sie deshalb nur im Frühjahr und Sommer, denn der Nährstoffbedarf ist in der übrigen Zeit unter Zimmerbedingungen nicht hoch.

Erhöhung der Luftfeuchte und Bewässerung.
ⓐ Topf auf umgedrehten Untersetzer in Schale mit Wasser stellen.
ⓑ Topf in größeres Gefäß mit Torf betten.
ⓒ Bewässerung mit Tonkerzen.

Tips rund um die Luftfeuchte
Die meisten Farne wünschen sich eine hohe Luftfeuchte und fühlen sich deshalb in einem Gewächshaus, einem geschlossenen Blumenfenster, einer Vitrine oder einem Flaschengarten besonders wohl. Auch in einem warmen Wintergarten mit vielen Pflanzen wird die Luftfeuchte für Farne ausreichen. Schwieriger stellen sich die Verhältnisse im Zimmer dar. Die von der Heizung aufsteigende trockene Luft am Fensterbrett ist Gift für die meisten Farnarten.
Hier eine Reihe von Tips, wie Sie die Luftfeuchte erhöhen können:
- Stellen Sie die Pflanzen nicht einzeln auf, sondern in Gruppen. Das verbessert das Kleinklima.
- Häufiges Übersprühen der Pflanzen ist sehr arbeitsaufwendig, außerdem vertragen manche Arten wie Rippenfarne (*Blechnum*) und Geweihfarne (*Platycerium*) keine stehende Nässe auf den Blättern.
- Sorgen Sie für indirekte Luftfeuchte durch Wasserverdunster an den Heizungen oder elektrische Luftbefeuchter. Hilfreich ist es auch, die Farne auf umgedrehte Untersetzer in Schalen zu stellen, die mit Wasser gefüllt werden (→ Zeichnung a, oben). Eine Alternative dazu ist das Einfüttern der Farntöpfe in feuchten Torf (→ Zeichnung b, oben).

Umtopfen – kein Problem
Der Raum, der den Wurzeln einer Pflanze im Topf zur Verfügung steht, ist bei Farnarten mit starker Wurzelentwicklung schnell ausgefüllt. Diese Arten sollten jährlich umgetopft werden. Viele Zimmerfarne bilden jedoch kein sehr kräftiges Wurzelsystem und werden nur bei Bedarf umgetopft. Alle Topfpflanzen sollten von Zeit zu Zeit frisches Substrat erhalten, da sich durch das Gießen und Düngen Salze darin anreichern oder es durch Staunässe versauern kann.
Wann umtopfen? Der günstigste Zeitpunkt dafür liegt im Frühjahr, da die Pflanzen dann unter idealen Bedingungen in die neue Vegetationsperiode starten können und den Verpflanzstreß am leichtesten überwinden.
Welche Gefäße? Man kann für Farne Ton- oder Plastiktöpfe verwenden. In Plastiktöpfen trocknen die Pflanzen nicht so schnell aus, dafür gleicht ein Tontopf eher Kulturfehler aus (etwa zu starkes Gießen), da durch die Tonwand Wasser verdunsten kann. Wichtig ist, daß der neue Topf nicht zu groß gewählt wird; ein etwa 2 cm größerer Durchmesser reicht in der Regel aus. Bei epiphytisch wachsenden Farnen ist es oft ratsam, nur das lose Substrat zu entfernen und die Pflanzen wieder in gleich große Töpfe zu setzen.
Das richtige Substrat. Es gibt den Pflanzen Halt und soll sie mit Wasser, Nährstoffen und Luft versorgen. Wichtig ist daher ein gutes Verhältnis der Zwischenräume oder Poren in der Pflanzerde, von denen die feineren die Wasser- und die gröberen die Luftversorgung gewährleisten. Für Zimmerfarne eignen sich Fertigsubstrate mit niedriger Nährstoffversorgung oder mit Langzeitdüngern sehr gut. In Frage kommen Torf-Ton-Substrate wie Einheitserde der Typen P und ED 73, Torfkultursubstrat (TKS) Typ 1 und Rindenkultursubstrat (RKS) der Typen 0 oder 1. Grobes Rindenkultursubstrat empfiehlt sich wegen der guten Drainage und Durchlüftung besonders für epiphytisch wachsende Farne, für die Sie aber auch Orchideensubstrat verwenden können.

Umtopfen. Keine zu großen Töpfe wählen. Auf Drainageschicht Farn mit frischem Substrat einsetzen.

Mein Tip: Qualitätssubstrate erkennen Sie an der Angabe der Nährstoffgehalte und pH-Werte und daran, daß sie regelmäßig von unabhängigen Institutionen untersucht werden. Bei Rindenprodukten sollte man nur solche verwenden, die das RAL-Gütezeichen »Rinde für Pflanzenbau« tragen.

So wird's gemacht.

- Mit einer Hand den Topf, mit der anderen die Pflanze an der Basis festhalten und alles kopfüber drehen.
- Den Topfrand kurz auf eine feste Unterlage aufstoßen, bis sich der Wurzelballen aus dem Gefäß löst.
- Loses Substrat entfernen.
- Bei großen Töpfen zuunterst eine Drainageschicht aus Blähton einfüllen.
- So viel Substrat auffüllen, daß der Ballen noch gut Platz hat.
- Nun die Pflanze mit einer Hand im neuen Topf in der Mitte plazieren, festhalten und mit der anderen Hand das frische Substrat auffüllen (→ Zeichnung, Seite 18 unten).
- Einen Gießrand lassen und das Substrat leicht andrücken.
- Eingetopften Farn gut angießen.

Farne in Hydrokultur

Einige Farnarten werden auch als Hydrokulturpflanzen angeboten (→ Seite 14). Bei dieser Kulturmethode wurzeln die Pflanzen in Blähton und werden über eine Nährlösung mit Wasser und Dünger versorgt. Pflanzen in diesem Substrat sind pflegeleicht, da man weniger oft gießen muß und außerdem nichts falsch machen kann, denn der Wasserbedarf ist an einer Anzeige ablesbar. Farne in Hydrokultur werden wie andere Pflanzen in diesem Kultursystem behandelt. Wichtig jedoch auch hier: Immer nur weiches Wasser zugeben und die halbe Düngedosierung.

Junge Wedel des Kleinen Schuppenfarns (Microlepia) »entwickeln« sich.

Lattenkörbchen

Lattenkörbchen sind im Fachhandel erhältlich, Sie können sie sich jedoch auch aus unbehandelten, schmalen Fichtenlatten von 1,5 bis 2 cm Stärke selbst bauen.
Diese Gefäße sind Varianten zu Ampeln und eignen sich für epiphytisch wachsende Farne, besonders für Geweihfarne (*Platycerium*).
So bepflanzen Sie Lattenkörbchen. Das Gefäß mit dünnem, nicht verrottendem Gewebe auslegen, damit feine Substrat-Teile nicht durch die Zwischenräume fallen. Zum Bepflanzen grobes Substrat verwenden wie Rindenkultursubstrat (RKS) der Typen 0 oder 1 oder Orchideensubstrat. Die Pflanze locker in das Substrat betten.
Pflege. Pflanzen in Lattenkörbchen werden nicht gegossen, sondern erhalten Wasser und Nährstoffe durch Tauchen (→ Seite 17).
Geben Sie den Dünger, nach den Bedürfnissen der jeweiligen Pflanze dosiert, ins Tauchwasser.

Farnsäule

→ Zeichnungen 1 und 2
Als Pflanzen für diesen ungewöhnlich attraktiven Blickfang eignen sich alle epiphytisch wachsenden Farnarten. Außerdem lassen sich dazu gut Pflanzen kombinieren, die bodendeckend wachsen und so die Säule zwischen den Farnen überziehen, wie Moosfarne (*Selaginella*), Bubikopf (*Soleirolia soleirolii*), Fittonie (*Fittonia verschaffeltii*) oder Kletterficus (*Ficus pumila*).
Für den Bau benötigen Sie eine massive Schale, die der Säule sicheren Stand verleiht, ein Plastikrohr als stabilen Kern der Säule, rostfreien, feinen Maschendraht, Moos, Substrat, eine Papprolle und einen Holzstab.
So wird's gemacht.
- Maschendraht zu einem Zylinder formen. Je dicker die Säule, desto besser ihre Standfestigkeit!
- In diesen Drahtzylinder die Papprolle stellen (dient nur als Füllhilfe), in deren Zentrum das Plastikrohr schieben (→ Zeichnung 1).
- Zwischen Papprolle und Maschendraht von unten nach oben Moos einschichten und mit der Hand leicht festdrücken, so daß die Oberseite des Mooses durch den Maschendraht zu sehen ist.
- Dann zwischen Plastikrohr und Papprolle Substrat einfüllen. Mit dem Stab leicht andrücken und darauf achten, daß keine leeren Stellen verbleiben.
- Beim Einfüllen des Substrats die Papprolle stückweise nach oben ziehen.
- Wer oben auf der Säule auch eine Pflanze anbringen will, sollte das Plastikrohr etwas kürzer als den Maschendraht und die Substratschichten halten.
- Die Säule fest mit Blähton oder Steinen in das Standgefäß einbetten (→ Zeichnung 2), in das man zusätzlich auch Farne stellen kann.

1 In Maschendraht-Säule Papprolle und Plastikrohr stellen. Zwischen Drahtgeflecht und Papprolle Moos einfüllen. Zwischen Plastikrohr und Papprolle Substrat geben. Zum Bepflanzen Draht aufschneiden, Farn einsetzen.

So wird bepflanzt.
- Nur wenige Maschen des Drahtes aufschneiden, Draht und Moos etwas auseinanderdrücken (→ Zeichnung 1).
- Ballen der Pflanze einsetzen.
- Draht vorsichtig wieder zusammendrücken.

Tips zur Pflege. Bepflanzte Säule einmal täglich gründlich besprühen. Alle 14 Tage dem Sprühwasser einen flüssigen Volldünger beimengen (halbe Dosierung!).

2 Säule fest mit Steinen in Standgefäß einbetten. Eventuell dazwischen weitere Farne in Töpfen stellen. Täglich besprühen.

Epiphytenstamm

Sie benötigen: Einen abgestorbenen Stamm oder Ast mit Verdickungen und Gabelungen, Moos, nichtrostenden dünnen Wickeldraht, einen schweren, großen Topf mit gutem Standvermögen, Zement, Steine oder Blähton.
Geeignet sind alle epiphytisch wachsenden Farne, die Sie auch für die Farnsäule verwenden können. Besonders schön wirken Arten, deren oberirdische Rhizome kriechend am Stamm entlang wachsen, wie bei Büchsenfarnen (*Davallia*) und bei Tüpfelfarnen (*Polypodium*). Im unteren Bereich des Stammes, in dem es immer etwas feuchter ist, kann man auch terrestrische Farne, wie Speerfarn (*Doryopteris pedata*) oder Saumfarne (*Pteris*), anbringen.

<u>So wird's gemacht.</u>

- Ast in Gefäß einzementieren.
- Oberfläche mit Steinen, Blähton oder Moos abdecken.
- Pflanzen austopfen, bei großen Ballen etwas Substrat entfernen.
- Wurzeln mit Moos umwickeln und dieses mit dem Draht fixieren.
- Die so vorbereiteten Pflanzenballen dann mit dem Draht am Stamm befestigen, am besten über einer Verdickung oder in einer Astgabel, damit sie nicht nach unten rutschen können. Dabei kann man noch zusätzlich Moos auflegen.

Je dicker die Moosschicht, desto geringer die Gefahr des Austrocknens. Die Pflanzen müssen einen guten Halt haben, dabei die Wurzeln und die Rhizome aber nicht zu fest einschnüren.

<u>Kleine Varianten.</u> Man kann auch einzelne Pflanzen auf Holzbrettchen oder Korkstücke aufbinden und aufhängen.

<u>Tips zur Pflege.</u> Die Pflanzen auf großen Epiphytenstämmen gedeihen am besten, wenn Sie den gesamten Stamm in einer Vitrine oder einem geschlossenen Blumenfenster unterbringen. Wer diese Möglichkeit nicht hat, muß den Stamm mindestens einmal, besser mehrmals täglich durchdringend besprühen. Kleine Exemplare können getaucht werden. Gedüngt wird wie bei der Farnsäule (→ Seite 20).

Flaschengarten

→ Zeichnungen 3 a bis 3 c

Geeignet sind große, bauchige Glasgefäße aller Art. Für Flaschengärten eignen sich nur kleine Farne, wie Knopffarn (*Pellaea rotundifolia*), Schildfarn (*Polystichum tsus-simense*), Moosfarne (*Selaginella*) oder kleine Saumfarne (*Pteris*). Für verschiedene seltene Kleinfarne, die im Zimmer wegen zu geringer Luftfeuchte oder großer Empfindlichkeit gegen Austrocknen schwierig zu halten sind, ist ein Flaschengarten der ideale Platz. Dazu gehören der Strahlenfarn (*Actiniopteris australis*) und *Hemionitis arifolia*.

<u>So wird's gemacht.</u>

- Durch einen Trichter aus Pappe (→ Zeichnung 3 a) als untere Schicht feinen Kies oder Blähton als Drainage einfüllen.
- Darauf soviel Substrat geben, daß die Ballen der Pflanzen darin Platz finden.
- Als Pflanzwerkzeuge einen Löffel und eine Gabel mit Stäbchen verlängern (→ Zeichnung 3 b).
- Pflanzen behutsam damit einsetzen, mit dem Löffel Erde etwas andrücken (→ Zeichnung 3 c).
- Anschließend vorsichtig angießen und Flasche schließen. Beschlägt sie sich stark, vorübergehend öffnen.

Gefäße mit kleinen Öffnungen müssen nicht verschlossen werden, da sich die Feuchtigkeit auch im offenen Glas sehr lange hält, so daß man oft mehrere Wochen nicht gießen muß.

3 Flaschengarten bepflanzen.
(a) Mit Trichter zuerst Blähton-Drainage, dann Erde einfüllen.
(b) Farnpflänzchen mit Pflanzbesteck einsetzen.
(c) Mit dem Löffel Erde andrücken. Anschließend behutsam gießen.

Farne am Ostfenster

Nicht nur für Farne ist ein nach Osten gerichtetes Fenster der ideale Standort, auch viele andere Pflanzen lieben die Morgensonne. Sie versorgt sie mit genügend Licht, ohne sie durch eine zu starke Lichtintensität zu verbrennen. Blütenpflanzen oder panaschierte (mehrfarbige) Blattpflanzen erzeugen Farbtupfer und betonen die ruhigen Grüntöne der Farne. Gut zu Zimmerfarnen passen:

Blütenpflanzen. Schiefteller (*Achimenes*-Hybriden), Begonien (*Begonia*-Elatior-Hybriden), Madagaskar-Immergrün (*Catharanthus roseus*), Ruellie (*Dipteracanthus*-Arten), Fleißiges Lieschen (*Impatiens*-Neuguinea-Hybriden), Usambaraveilchen (*Saintpaulia*-Ionantha-Hybriden), Drehfrucht (*Streptocarpus*-Hybriden).

Blattpflanzen. Blattbegonien (*Begonia*-Rex-Hybriden), Buntblatt (*Caladium*-Hybriden), Korbmarante (*Calathea*-Arten), Keulenlilie (*Cordyline fruticosa*), Ctenanthe (*Ctenanthe*-Arten), Dieffenbachie (*Dieffenbachia*-Arten und -Hybriden), Drachenbaum (*Dracaena*-Arten), Fittonie (*Fittonia verschaffeltii*), Buntfleckige Hüllenklaue (*Hypoestes phyllostachya*), Marante (*Maranta leuconeura*).

Farne mit Farbtupfern. Usambaraveilchen bringen Leben ins Grün der Farne. Hinten (von links nach rechts): Lederfarn (Arachniodes adiantiformis), Schwertfarn (Nephrolepis exaltata 'Corditas'), Nestfarn (Asplenium nidus), Brutfarn (Asplenium dimorphum). Vorne: Moosfarne (Selaginella).

Keimfreie Kinderstube für Farnzöglinge

Sichelfarn.

Wie vermehrt man eine Pflanze, die keine Blüten und Samen entwickelt? Farne lösen dieses Problem über die Bildung von Sporen, aus denen in Gestalt der Vorkeime die Geschlechtsgeneration hervorgeht. Direkt aus der befruchteten Eizelle entsteht dann eine neue Farnpflanze.

Vermehrung durch Sporenaussaat
Durch die Aussaat von Sporen kann man den natürlichen Vermehrungsvorgang nachvollziehen und die einzigartigen Abläufe bei der Farn-Fortpflanzung beobachten. Dies ist jedoch ein schwieriges Vorhaben und nicht immer von Erfolg gekrönt. Deshalb gibt es auch nur wenige Spezialgärtnereien, die sich mit der Vermehrung von Farnen befassen. Der engagierte Hobby-Gärtner sollte es zunächst mit einer der Arten probieren, die keine allzu großen Schwierigkeiten bereiten, zum Beispiel mit Sichelfarnen (*Cyrtomium*) oder Saumfarnen (*Pteris*).

Was Sie über Sporen wissen sollten. Sporen kann man nur selten wie Samen im Handel kaufen. Glück hat, wer einen sporentragenden Farn besitzt, andernfalls müssen Sie sich von Bekannten einen sporentragenden Wedel besorgen. Einige Farne produzieren fast das ganze Jahr über Sporen, andere nur unter optimalen Bedingungen.
Bei den meisten Arten braucht man viel Erfahrung, um den richtigen Reifezeitpunkt der Sporen festzustellen. Unreife Sporen sind für die Aussaat untauglich. Andererseits werden vollreife Sporen durch einen raffinierten Mechanismus aus den Sporenkapseln geschleudert und wegen ihrer Winzigkeit und ihres geringen Gewichtes mit jedem Lufthauch verbreitet. Die Sporengewinnung muß also kurz davor geschehen.

Mein Tip: Eine kleine Hilfe zur richtigen Sporenernte: Oft sind die Sporenkapseln in unreifem Zustand weiß oder hellgrün und färben sich bei der Reife braun. Es gibt jedoch auch reife graue, gelbe oder orangefarbene Kapseln.

So werden Sporen geerntet.
- Schneiden Sie mit beginnender Sporenreife einen Wedel des Farns ab und wickeln Sie ihn in Papier.
- Dann hängt man ihn für mindestens 3 Tage an einem trockenen Platz auf. Die reifen Sporen werden dadurch beim Ausschleudern im Papier festgehalten.
- Nun kann man sie vorsichtig von Verunreinigungen befreien.
- Am besten gleich mit der Aussaat beginnen. Die Keimfähigkeit von Farnsporen bleibt je nach Art nur wenige Stunden oder sogar Jahrzehnte erhalten. Wer nicht gleich aussät, sollte die Sporen kühl und trocken lagern, das verlängert ihre Keimfähigkeit.

So wird ausgesät. Füllen Sie ein nährstoffarmes Substrat (zum Beispiel Aussaaterde, TKS 1 oder Einheitserde Typ VM) in Töpfe oder kleine Schalen. Am besten neue Gefäße verwenden oder gebrauchte sorgfältig reinigen. Übergießen Sie das Substrat mit kochendem Wasser und lassen Sie das überschüssige Wasser ablaufen. Durch diese Behandlung werden vorhandene unerwünschte Sporen von Algen, Pilzen und Moosen abgetötet. Wenn das Substrat nur noch lauwarm ist, die Sporen dünn aussäen und mit Hilfe eines feinen Zerstäubers vorsichtig mit abgekochtem Wasser einsprühen. Nicht mit Substrat bedecken.

Für die folgende Pflege gilt: Die Aussaaten benötigen Wärme (20 bis 25 °C) ohne direkte Sonne und dürfen auf keinen Fall austrocknen. Saaten in Plastikbehältern werden deswegen mit einer Glasscheibe oder Plastikfolie abgedeckt. Töpfe stellen Sie bis zu ¼ ihrer Höhe in einen Untersetzer mit Wasser und verschließen sie ebenfalls mit einer Glasscheibe oder Plastikfolie.
Aus den Sporen entwickeln sich meist nach 4 bis 6 Wochen die lebermoosähnlichen Prothallien (→ Zeichnung 1d, Seite 8). Die Befruchtung, die auf der Unterseite des Prothalliums stattfindet, klappt nur, wenn ein Feuchtigkeitsfilm vorhanden ist. Aus den befruchteten Eizellen bilden sich (je nach Art) 3 bis 18 Monate nach der Aussaat die ersten Blätter der neuen Farnpflänzchen (→ Zeichnung 1e, Seite 8). Nun können Sie die Abdeckung zeitweise abnehmen, um

Hemionitis arifolia mit Brutknospe (Bulbille, → rechts) und Brutpflänzchen am Ansatzpunkt von Blättern.

die Pflänzchen abzuhärten. Sobald sie so groß sind, daß sie sich gegenseitig berühren, werden sie vereinzelt. Sind sie etwa 5 bis 10 cm hoch, werden die Jungpflanzen einzeln oder in kleinen Tuffs in eigene kleine Töpfe gepflanzt.

Gewebekultur – nur für Spezialisten

Früher konnten sterile Farne meist nur durch Ausläufer vermehrt werden. Heute lassen sich mit Hilfe der Gewebekultur aus kleinen Gewebeteilen eine große Anzahl ganzer, identischer Pflanzen regenerieren. Für diese Art der Kultur sind spezielle Einrichtungen in Labors notwendig, die eine sterile Anzucht der Pflanzen auf Nährböden ermöglichen. Dem Pflanzenliebhaber liefert dieses Verfahren Farne in guter Qualität zu angemessenen Preisen. Neben vielen Sorten des Schwertfarns (*Nephrolepis*) werden heute so vor allem Geweihfarne (*Platycerium*), Knopffarne (*Pellaea*) und Büchsenfarne (*Davallia*) vermehrt.

Beim Brutfarn (Asplenium dimorphum) entwickeln sich auf dem gesamten Wedel Tochterpflänzchen an den Blattspindeln.

PRAXIS
Vermehren

Für gute Voraussetzungen sorgen
Hier ein kleines Grundwissen, das für alle Methoden der Farn-Vermehrung gilt.
Der beste Zeitpunkt. Farne lassen sich das ganze Jahr über vermehren, der ideale Zeitpunkt ist jedoch das Frühjahr, da die jungen Pflanzen dann direkt in den Genuß der höheren Lichtintensität kommen und nicht unter der trockenen Heizungsluft der Wohnräume leiden müssen.
Substrate. Geeignet sind TKS 1, Einheitserde P oder Aussaaterde.
Pflege der Vermehrungen.
- Die Vermehrungen behutsam angießen und immer gleichmäßig feucht (nicht naß) halten.
- Töpfe warm stellen bei Luft- und Substrat-Temperaturen von 20 bis 25 °C.
- Der Standort muß hell, aber vor direkter Sonne geschützt sein.
- Für hohe Luftfeuchte sorgen: Nichtrostenden Draht zu einem Bogen biegen und die Enden in den Topf stecken. Darüber eine Plastiktüte stülpen und zubinden (→ Zeichnung 2). Bei starker Schwitzwasserbildung Tüte stundenweise abnehmen.
- Sobald sich neue Wedel gebildet haben, können die Pflänzchen allmählich abgehärtet werden. Dazu Plastiktüte zunächst zeitweilig und schließlich ganz abnehmen.
- Dies ist der Zeitpunkt, an dem mit schwachen Düngergaben begonnen werden kann.

Farne teilen
→ Zeichnung 1
Das Teilen eignet sich für Farne, die sich durch kurze Ausläufer oder gestauchte Rhizome mit mehreren Trieben über die gesamte Topfoberfläche ausbreiten, wie Frauenhaarfarne (*Adiantum*), Schildfarne (*Polystichum*) und Schwertfarne (*Nephrolepis*).
So wird's gemacht. Topfen Sie die zu teilende Pflanze aus und trennen Sie den Ballen mit einem scharfen Messer so durch, daß zwei oder mehrere Teile mit mindestens einem kräftigen Vegetationspunkt und genügend Wurzeln entstehen. Der Vegetationspunkt stellt das Herz jeder Pflanze dar,

1 Teilen eines Frauenhaarfarns (Adiantum).

aus dem sich neue Wedel entwickeln. Ohne ihn sind die geteilten Farne nicht lebensfähig. Abgestorbene Wurzeln und Blätter entfernen und die Teilstücke einzeln eintopfen.

Rhizomschnittlinge
→ Zeichnung 2
- Bei oberirdisch kriechenden Rhizomen, wie sie zum Beispiel Büchsenfarne (*Davallia*) bilden, lassen sich passende Teilstücke leicht ausmachen.
- Bei unterirdischen Rhizomen kann man im Wachstum befind-

2 Rhizomschnittlinge mit mehreren Knospen abtrennen und auf dem Substrat feststecken.

3 Ausläufer auf dem Substrat festklemmen. Sobald sich Wurzeln bilden, abtrennen.

liche Abschnitte, die sich für die Abtrennung eignen, an der Entwicklung einer Gruppe neuer Wedel auf der Substratoberfläche erkennen.
So wird's gemacht.
• Mit scharfem Messer die Rhizome in einzelne Teilstücke zertrennen, von denen jedes mehrere Knospen besitzt. Die Knospen erkennen Sie als Ansatzstellen für Wedel oder als leichte Erhebungen. Wenn möglich, sollten diese Rhizomteile bereits Wurzeln gebildet haben, denn unbewurzelte Rhizomstücke wachsen oft schlecht an.
• Teile unterirdisch wachsender Rhizome werden so hoch mit Substrat bedeckt, wie sie es an der Mutterpflanze waren.
• Teile oberirdisch wachsender Rhizome auf das Substrat legen und mit einer nichtrostenden Drahtklammer feststecken.
• Weitere Pflege: → Seite 26, Spalte 1.

Vermehren durch Ausläufer
→ Zeichnung 3
Ausläufer, die waagrechte Sproßachsen darstellen, entwickeln vor allem Schwertfarne (*Nephrolepis*). Kommen sie mit dem Boden in Berührung, wurzeln sie und bilden an den Knospen neue Pflanzen. Man kann diese Entwicklung fördern, indem man neben einen Schwertfarn einen Topf mit Substrat stellt und Ausläufer darauf mit einer Klammer feststeckt. Nach einiger Zeit treiben die Knospen aus. Sobald sich mehrere Wedel entwickelt haben, können Sie die jungen Pflanzen von der Mutterpflanze abtrennen.
Weitere Pflege: → Seite 26, Spalte 1.

4 Brutpflänzchen an Wedelspitze bei Adiantum caudatum.

Brutpflänzchen
→ Zeichnungen 4 bis 6
Die vegetative Fortpflanzung durch Brutpflänzchen ist bei Farnen relativ stark verbreitet. Aus den Brutknospen, die sich an verschiedenen Stellen auf den Wedeln bilden, entwickeln sich auf der Mutterpflanze neue, kleine Pflänzchen. Berühren sie den Boden, treiben sie Wurzeln.
• Bei *Adiantum caudatum* sitzen sie an den Wedelspitzen, die auf den Boden herabhängen (→ Zeichnung 4).
• Bei Brutfarnen (*Asplenium*-Arten, → Zeichnung 5 und Foto, Seite 25) bilden sie sich auf dem ganzen Wedel in so reicher Zahl, daß die Wedel dadurch herabgedrückt werden und die Pflänzchen in Kontakt mit dem Boden kommen.
• Beim Speerfarn (*Doryopteris pedata*) und bei *Hemionitis arifolia* entwickeln sie sich am Ansatzpunkt des Blattstieles an der Spreite (→Zeichnung 6 und Foto, Seite 25).
So wird's gemacht. Damit die Brutpflänzchen noch an der Mutterpflanze Wurzeln ausbilden, wird ein Wedel nach unten gebogen und mit Draht auf dem Substrat befestigt. Sorgen Sie für hohe Luftfeuchtigkeit (→ Seite 26, Spalte 1). Zeigen sich Wurzeln, können Sie

5 Brutpflänzchen an der Blattspindel bei Brutfarnen (Asplenium).

6 Brutpflänzchen im Ansatz des Blattstiels beim Speerfarn.

die Pflänzchen abtrennen und einpflanzen.
Alternative. Wer will, kann auch ganze Wedelteile mit Brutpflänzchen abschneiden und auf das Substrat legen. Wenn die Pflänzchen bewurzelt sind, pflanzt man sie einzeln in Töpfe.

Speicherknollen
Von den wenigen Farnarten, die Knollen bilden, ist *Nephrolepis cordifolia* am bekanntesten. Die Speicherknollen entwickeln sich an den unterirdischen Ausläufern. Wenn man sie mit einem Stück des Ausläufers abtrennt und eintopft, wächst daraus eine neue Pflanze.

Erste Hilfe für Ihre Farne

Filigraner Wedel.

Farne werden im Vergleich zu anderen Pflanzengruppen nur selten von Schädlingen befallen. Viel häufiger leiden sie an Pflegefehlern, weil ihre arteigenen Bedürfnisse nicht erkannt oder berücksichtigt werden. Sollten sich dennoch »unliebsame Gäste« einstellen, so finden Sie hier hilfreiche Maßnahmen.

Pflegefehler – leider allzu häufig

Welke Wedel können recht unterschiedliche Pflegesünden signalisieren – nämlich zuviel oder zuwenig Wasser. Welke junge Wedel zeigen in der Regel Wassermangel an. Wenn Sie dies bemerken, müssen Sie sofort gießen. Noch besser ist es in solchen Fällen, wenn man die Pflanze taucht (→ Seite 17).

Doch auch bei einem zu großen Wasserangebot, das schließlich in Staunässe resultiert, welkt die Pflanze. Wenn die gesamten Poren im Wurzelbereich mit Wasser gefüllt sind, steht den Wurzeln der Sauerstoff nicht mehr zur Verfügung, den sie für die Wasser- und Nährstoffaufnahme benötigen. Trotz reichlicher Wassergaben verdurstet dann die Pflanze. Ein Farn, der aufgrund von anhaltender Staunässe welkt, ist kaum noch zu retten. Will man es dennoch versuchen, Pflanze aus dem Übertopf oder Untersetzer nehmen, damit das überschüssige Wasser entweichen kann. Erst wieder gießen, wenn das Substrat etwas angetrocknet ist und in Zukunft behutsam gießen (→ Seite 16).

Verdorrte Wedel sind ein Indiz dafür, daß der Ballen des Farns ausgetrocknet ist. Wenn dieser Zustand noch nicht zu lange währt, kann man versuchen, die Pflanze durch Tauchen des Wurzelballens (→ Seite 17) zu einem Neuaustrieb anzuregen.

Fahlgrüne Wedel. Die erwachsenen Wedel mancher Farnarten welken nicht, sondern verlieren ihre frischgrüne Farbe und werden fahlgrün. Schließlich fallen die Fiedern ab. Diese Symptome können vor allem bei Schwertfarnen (*Nephrolepis*) auf zuviel oder zuwenig Wasser sowie auf einen zu dunklen oder zu kühlen Stand hinweisen. Überprüfen Sie den Topfballen mit den Fingern auf den richtigen Feuchtigkeitsgehalt und wählen Sie einen Standort mit genügend Wärme und Licht, jedoch ohne volle Sonne.

Verbräunende Adern, die sich bei Frauenhaarfarnen (*Adiantum*) in einer Strichelbildung auf den Blattfiedern äußern, deuten auf zu kühlen Stand bei zu hoher Luftfeuchte hin. Stellen Sie diesen Frauenhaarfarn wärmer.

Braune Blattränder sind meist die Folge einer zu niedrigen Luftfeuchte. Beim Nestfarn (*Asplenium nidus*, → Zeichnung, Seite 30) können sie auch durch einen zu kühlen Stand bedingt sein. Erhöhen Sie die Luftfeuchte (→ Zeichnungen, Seite 18) und stellen Sie die Pflanze an einen ausreichend warmen Platz.

Dunkelbraune, faulende Stellen auf den Blättern entstehen bei Geweihfarnen (*Platycerium*) und bei Rippenfarnen (*Blechnum*), wenn sie übersprüht werden und nicht zügig abtrocknen können. Diese Arten also besser nicht übersprühen, sondern für indirekte Luftfeuchte (→ Seite 18) sorgen.

Pilze und Bakterien

Schadpilze können Farne vor allem bei der Vermehrung über Sporen befallen. Am häufigsten tritt der Grauschimmel auf, der die Aussaaten wie ein grauweißer Pelz überzieht. Er führt zum Faulen der Vorkeime und der jungen Pflanzen. Abhilfe schafft eine konsequente Hygiene, wie sie im Kapitel Vermehren (→ Seite 24) beschrieben ist.

An erwachsenen Farnen treten im Zimmer nur selten Pilze oder Bakterien auf. Sie werden gefördert, wenn die Pflanzen zu dicht, zu naß und bei ungenügender Lüftung gehalten werden.

Je nach Art des Pilzes äußert sich der Befall in unterschiedlichen Schadbildern. Grauschimmel bildet einen dichten, grauweißen Belag, der einzelne Pflanzenteile faulen läßt und schließlich zum Absterben der gesamten Pflanze führen kann. Andere Pilze verursachen unregelmäßige, grau- bis rötlichbraune Flecken oder auch Wucherungen auf den Blättern. Beim Nestfarn (*Asplenium nidus*) können Bakterien im oberen Wedelbereich kleine, glasige Flecken hervorrufen,

die sich bei ungünstigen Bedingungen rasch ausbreiten.
Bei allen durch Pilze und Bakterien ausgelösten Krankheiten befallene Wedel entfernen, Pflanzen nicht naß machen und für weiteren Stand sowie niedrigere Luftfeuchte sorgen. Eine Bekämpfung mit synthetischen Mitteln (Fungiziden) lohnt sich meist nicht.

Tierische Schädlinge
Von den wenigen Schädlingen, die bei Farnen vorkommen, treten Trauermücken, Schildläuse und Spinnmilben am häufigsten auf. Gelegentlich finden sich auch Blattläuse, Thripse, Schnecken und Blattälchen.
Sind die Pflanzen erst einmal von Schadorganismen befallen, gibt es für die Bekämpfung verschiedene Möglichkeiten.
Die mechanische Bekämpfung ist etwas aufwendig, aber wirksam und ungiftig. Sie läßt sich bei Läusen, Trauermücken und Schnecken durchführen.

- Schildläuse kratzt man mit einem Messer ab.
- Blattläuse können Sie mit Wasser abspülen.
- Bei Trauermücken reicht es in der Regel aus, wenn man die erwachsenen Tiere fängt und so an einer erneuten Eiablage hindert. Diese Aufgabe können auch Gelbtafeln (im Fachhandel erhältlich) übernehmen, die man in der Nähe der Pflanzen aufhängt. Die Mücken werden durch die gelbe Farbe angelockt und bleiben an den mit Leim bestrichenen Tafeln kleben. Achten Sie zusätzlich darauf, daß keine stagnierende Nässe entsteht.
- Schnecken lassen sich absammeln.

Große Farn-Exemplare sind auf Säulen ein attraktiver Blickfang.

Die biologische Bekämpfung mit Nützlingen bietet sich gegen Blattläuse, Spinnmilben und Thripse an. Nützlinge, wie Marienkäfer, Florfliegen, Gallmücken, Blumenwanzen und Raubmilben, leben räuberisch. Andere, wie Schlupfwespen, legen ihre Eier in die Larven der Schädlinge, die sie nach dem Ausschlüpfen von innen her auffressen.

Brühen, Tees oder Jauchen sind pflanzliche Schädlingsregulierungsmittel, die Sie selbst herstellen können. Sie werden gegen Blattläuse und Spinnmilben sowie pilzliche Erreger eingesetzt. Der Zusatz eines Netzmittels (Spülmittel) verbessert die Haftung auf den Pflanzen.

Pflegefehler.
Braune Blattränder entstehen beim Nestfarn (Asplenium) durch zu trockene Luft oder zu kühle Temperaturen.

Synthetische Pflanzenschutzmittel. Von den handelsüblichen Pflanzenschutzmitteln werden Insektizide und Akarizide gegen tierische Schädlinge eingesetzt. Wenn irgendwie möglich, sollte man darauf verzichten. Sie werden zwar in einer gewissen Zeitspanne im Substrat abgebaut, es entstehen daraus jedoch neue Verbindungen, deren Wirkungen zum Teil noch nicht absehbar sind. Außerdem können sich bei wiederholter Anwendung des gleichen Wirkstoffes Schädlingsstämme bilden, die dagegen widerstandsfähig sind.

Richtiger Umgang mit Pflanzenschutzmitteln

• Lassen Sie sich beim Kauf synthetischer Pflanzenschutzmittel vom Fachhandel beraten.
• Verwenden Sie der Umwelt zuliebe keine Sprays mit Treibgas.
• Richten Sie sich nach der Gebrauchsanweisung und nach den Dosierungsangaben auf dem Beipackzettel.
• Überlegen Sie vor dem Ansetzen der Spritzbrühe, welche Menge Sie benötigen, damit die Brühe vollständig aufgebraucht wird.
• Spritzen Sie nur im Freien.
• Spritzen Sie nicht bei Wind und vermeiden Sie ein Abdriften des Spritznebels zum Nachbarn.
• Tragen Sie Handschuhe und atmen Sie den Sprühnebel nicht ein.
• Achten Sie beim Spritzen auf eine möglichst gleichmäßige Verteilung der Spritzbrühe und auf eine gute Benetzung der Blattunterseiten.
• Führen Sie die empfohlene Anzahl der Behandlungen im vorgeschriebenen Abstand durch, um auch nachfolgende Schädlingsgenerationen zu eliminieren.
• Bewahren Sie Pflanzenschutzmittel in der Originalverpackung, außerhalb der Reichweite von Kindern und Haustieren sowie unter Verschluß auf.

Achtung:

Bei Farnen ist der Einsatz synthetischer Pflanzenschutzmittel und Mineralöle besonders problematisch, da diese Pflanzen gegen viele Mittel sehr empfindlich sind, besonders junge Wedel. Führen Sie deshalb immer zuerst eine Probespritzung an nur einigen Blättern durch.
Eine Alternative, die möglichst vorzuziehen ist, sind nützlingsschonende Mittel. Pflanzenschutz nach dem Vorbild der Natur mit Pyrethrum, dem Extrakt aus einer Chrysanthemen-Art oder mit synthetisch hergestellten verwandten Stoffen (den Pyrethroiden) galt lange Zeit als unbedenklich für Mensch und Natur. Man sollte jedoch auch mit diesen Mitteln vorsichtig umgehen, da sie in den Verdacht geraten sind, allergisierende, mutagene, krebserregende und andere schädliche Wirkungen auszulösen. Besonders gefährlich ist das direkte Eindringen der Wirkstoffe ins Blut, etwa über Hautverletzungen.

Schädlingsbekämpfung bei Farnen

Wichtig bei allen Methoden, besonders jedoch bei den mechanischen und biologischen, ist stets ein frühzeitiges Erkennen der Schädlinge. Ist erst einmal die gesamte Pflanze mit Schildläusen übersät, wird man es schwerlich schaffen, alle von Hand abzusammeln und dabei keine Jungtiere zu verschleppen. Haben sich Spinnmilben-Kolonien auf der Pflanze etabliert und bereits dichte Gespinste gebildet, können Raubmilben kaum mehr die Oberhand gewinnen.

Man sollte gerade bei Farnen, die in großen Stückzahlen relativ billig auf den Markt kommen, abwägen, ob es sich lohnt, für den zweifelhaften Erhalt einer stark von Schädlingen befallenen Kleinpflanze die chemische Keule einzusetzen oder mit großem Aufwand andere Methoden der Bekämpfung durchzuführen. Hat man sich jedoch dazu entschlossen – etwa, um ein liebgewonnenes oder auch wertvolles altes Exemplar zu retten – sollte eine Bekämpfung konsequent durchgeführt werden, um die Gefahr eines erneuten Befalls auszuschließen.

Aussehen, Vorkommen, Schadbild und Bekämpfung der fünf häufigsten Schädlinge bei Farnen sind in der nebenstehenden Übersicht zusammengefaßt. Außer diesen treten gelegentlich Blattälchen und in Kleingewächshäusern, Wintergärten oder Vitrinen auch Schnecken auf.

Blattälchen. Man erkennt einen Befall mit Blattälchen an dunkelbraunen bis schwarzen Blattflecken, die scharf von den Adern begrenzt werden. Befallene Wedel abschneiden und bei weiterem Fortschreiten der Symptome gesamte Pflanze vernichten.

Schnecken. Sie fressen meist nur nachts an den Blättern. Beim Saumfarn (*Pteris*) schaben sie nur die Blattunterseiten ab und lassen den oberen Teil als durchscheinende Schicht stehen, was man mit dem Namen »Fensterfraß« bezeichnet. Farnschnecken hinterlassen keine verräterischen Schleimspuren, so daß sich die Einordnung des angerichteten Schadens oft schwierig gestaltet. Schnecken am frühen Morgen absammeln oder mit Bier gefüllte Schalen aufstellen.

Die häufigsten Schädlinge an Zimmerfarnen

Blattläuse. Befallen vor allem junge Triebe und entziehen ihnen mit stechend-saugenden Mundwerkzeugen Nährstoffe. Folge: Wachstumsstörungen, Verkrüppelungen. Der Honigtau, den sie ausscheiden, kann zu Befall mit Rußtaupilzen führen. Abhilfe: Mit Wasser abspülen, Einsatz von Nützlingen, biologischen oder synthetischen Mitteln.

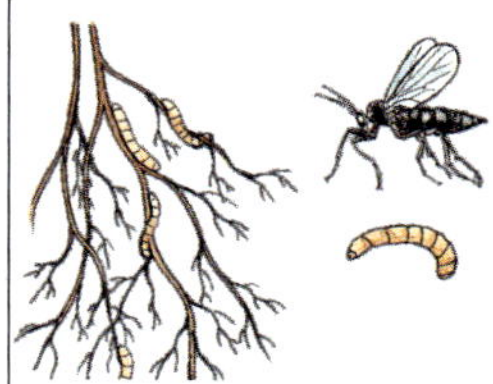

Trauermücken. Kleine schwarze Mücken, die über die Substratoberfläche laufen und beim Gießen auffliegen. Die im Substrat lebenden Larven fressen an den Wurzeln. Befall wird durch stagnierende Nässe begünstigt. Abhilfe: Mücken von Hand oder mit Gelbtafeln abfangen, Staunässe vermeiden, für Lüftung sorgen.

Thripse (Blasenfüße). Silbrig glänzende Blattflecken, schwarze Kothäufchen auf den Blättern. Insekten selten sichtbar, da sie auf den Blattunterseiten und an anderen geschützten Stellen leben und sehr flink sind. Schädigen durch ihre Saugtätigkeit. Abhilfe: Einsatz von Nützlingen oder synthetischen Pflanzenschutzmitteln.

Schildläuse. Läuse mit braunen Schildchen auf Blättern, Stielen und Rhizomen. Entziehen Nährstoffe, verursachen Wachstumsstörungen und Verkrüppelungen. Ansiedlung von Rußtaupilzen auf dem ausgeschiedenen Honigtau. Abhilfe: Abkratzen der Läuse. Mit synthetischen Insektiziden oder Mineralöl-Emulsionen behandeln.

Spinnmilben. Winzige Spinnentiere, meist auf der Blattunterseite. Gelbe Flecken auf den vergilbenden Blättern. Bei starkem Befall dichtes Gespinst. Befall wird durch zu niedrige Luftfeuchte bei zu warmem Stand gefördert. Abhilfe: Einsatz von Nützlingen, Spritzen von biologischen Pflanzenschutzmitteln oder synthetischen Akariziden.

Farne und Orchideen

Farne in unterschiedlichen Grünnuancen lassen die Farbenpracht der Orchideenblüten besonders gut zur Geltung kommen. Doch nicht nur dieser gestalterische Aspekt spricht für einen gemeinsamen Standort der beiden Pflanzengruppen.
Im Zimmer werden von diesen Blüten- und Grünpflanzen am häufigsten tropische Arten gehalten. Oft stellen sie daher gleiche Ansprüche an Standort und Pflege. Für Orchideen sind ebenso wie für Farne eine hohe Luftfeuchte und eine gute Wasserqualität unabdingbar.
Berücksichtigen Sie bei der Auswahl der Orchideen deren spezielle Wünsche in bezug auf Temperatur und Licht. Viele stammen aus den Gebirgen tropischer Länder, in denen sie einem starken Wechsel zwischen Tag- und Nachttemperatur ausgesetzt sind. Verschiedene Arten sind außerdem auf relativ starke Lichtintensität angewiesen. Diese speziellen Bedürfnisse, die oft nicht den idealen Standortbedingungen tropischer Farne entsprechen, müssen auch bei der Kultur auf der Fensterbank erfüllt werden, wenn die Pflanzen erneut zur Blüte kommen sollen.
Im Handel findet man meist Orchideen-Hybriden, also durch Züchtung entstandene Typen, die in dieser Beziehung weniger anspruchsvoll sind und darüber hinaus noch durch ein kräftigeres Wachstum und eine häufigere Blüte erfreuen. Sie stellen ideale Begleitpflanzen für Zimmerfarne dar.

Die schönsten Zimmerfarne

Sporenhäufchen.

Bei einer Fülle von etwa 9500 Farnarten sind der Sammelleidenschaft von Farnliebhabern keine Grenzen gesetzt. Die meisten Farne, die sich gut im Zimmer kultivieren lassen, stammen aus tropischen und subtropischen Klimazonen. Hier eine Auswahl der attraktivsten Gattungen, Arten und Sorten, die auch für jedermann im Handel erhältlich sind.

Die botanischen Bezeichnungen
In den folgenden Beschreibungen werden die Pflanzen an erster Stelle mit ihrem botanischen Namen, an zweiter mit ihrem deutschen vorgestellt.
Der botanische Name besteht aus dem Gattungsnamen, zum Beispiel *Nephrolepis* (griechisch: *nephros* = Niere, *lepis* = Schuppe), der immer groß geschrieben wird, und dem Artzusatz, zum Beispiel *exaltata* (lateinisch: *exaltatus* = hoch gewachsen) – immer mit kleinem Anfangsbuchstaben. Diese Bezeichnungen sind international einheitlich festgelegt und schließen Verwechslungen weitestgehend aus.
Sie sind jedoch auch für den Pflanzenfreund nützlich, da viele Arten auch innerhalb Deutschlands regional unterschiedliche deutsche Namen tragen. Sie können *Nephrolepis* zum Beispiel als »Schwertfarn« oder »Nierenschuppenfarn« kaufen. Gerade bei dieser Pflanze zeigt sich der Vorteil einer einheitlichen Bezeichnung, denn die Floristen verstehen unter »Schwertfarn« die Wedel einer Pflanze aus einer ganz anderen Gattung (*Polystichum munitum*), die als Schnittgrün verwendet werden.
Viele Pflanzennamen enthalten noch einen dritten Bestandteil, den Sortennamen. Er wird immer groß geschrieben und steht in einfachen Anführungszeichen, zum Beispiel *Nephrolepis exaltata* 'Teddy Junior'. Daran erkennen Sie, daß es sich um einen in Kultur entstandenen oder speziell gezüchteten Typ dieser Pflanzenart handelt, der häufig als Sorte geschützt ist.

Gliederung und Aufbau
Die beschriebenen Farngattungen sind in alphabetischer Reihenfolge nach ihrem botanischen Namen geordnet.
Die einzelnen Porträts beginnen mit einer Vorstellung der wichtigen Arten. Die Angaben beziehen sich auf Größe, Aussehen, Wuchsform und Verwendung der Pflanzen sowie auf die Form und Farbe der Blätter, Rhizome und Sporenansammlungen. Hinweise auf verwandte heimische Arten und auf die Anzahl bekannter Arten in einer Gattung runden die Informationen ab. Im Anschluß daran wird eine kurze Charakterisierung anhand folgender Stichworte gegeben.
Familie. Pflanzengattungen mit gleichen Merkmalen werden von den Botanikern zu Familien zusammengefaßt. Die Familienzugehörigkeit äußert sich bei Farnen vor allem in Gemeinsamkeiten bei der Anordnung der Sporenbehälter.
Heimat. Hier erfahren Sie, wo unsere grünen Zimmergenossen ursprünglich ihr Zuhause haben. Das Klima in diesen Gebieten gibt wichtige Hinweise für Standort und Pflege. Auch das dort herrschende Kleinklima ist von Bedeutung, daher werden jeweils typische natürliche Standorte beschrieben und der Wuchstyp (epiphytisch oder terrestrisch) genannt.
Standort. Unter diesem Stichwort sind die Anforderungen der Pflanzen an Licht, Temperatur und Luftfeuchte zusammengefaßt.
Pflege. Hier finden Sie genaue Angaben über die notwendigen Pflegemaßnahmen, die das Gießen, Düngen und Umtopfen beinhalten.
Vermehrung. An dieser Stelle wird gesagt, welche der bei Farnen möglichen Vermehrungsarten (→ Seite 24 bis 27) bei den einzelnen Gattungen erfolgversprechend durchgeführt werden können.
Schädlinge, Krankheiten. Die bei den einzelnen Gattungen auftretenden Schädlinge und Krankheiten werden genannt.
Mein Tip. Ergänzt die Angaben durch eigene Erfahrungen und spezielle Empfehlungen der Autorin.
Warnung. Gibt Hinweise auf giftige oder hautreizende Stoffe in den Pflanzen.

Giftige Inhaltsstoffe
Essen Sie auf keinen Fall Teile Ihrer Zimmerfarne. Sehr häufig sind Pflanzen giftig, wenn sie nicht auf die einzig genießbare Weise zubereitet werden. Sorgen Sie auch dafür, daß Haustiere keine Pflanzenteile fressen können.
Einzelne Arten haben giftige Inhaltsstoffe. Zum Beispiel enthalten bestimmte *Davallia*-Arten cyanogene Glykoside. Sporenbildende Farne können Hautallergien auslösen. Bekannt ist dies von dem hauptsächlich als Schnittgrün verwendeten Lederfarn (*Arachniodes adiantiformis*), der gelegentlich auch als Topfpflanze angeboten wird. Allergiker sollten diese Pflanzen meiden.

Grafisch und ästhetisch sind Farnwedel. Wie mit Goldbronze bestäubt wirken die Blattunterseiten der Goldfarne (Pityrogramma).

Duftige, filigrane Eleganz – Frauenhaarfarne.

Adiantum
Frauenhaarfarn

Frauenhaarfarne gelten mit ihren frischgrünen, feinen Fiederblättchen und den dünnen, glänzend schwarzbraunen Stielen als die elegantesten Vertreter der Farne. Etwa 200 Arten sind bekannt, von denen als Zimmerpflanzen hauptsächlich Arten aus tropischen Gebieten gepflegt werden. Auch in West- und Südeuropa kommt eine Art vor (*Adiantum capillus-veneris*), die bis in die Alpen hinein verbreitet ist.

Die Gattung ist sehr formenreich. Neben ein- bis fünffach gefiederten Arten und Sorten gibt es auch eine Art mit ungeteilten, nierenförmigen Blättern (*Adiantum reniforme*).
In der Größe der Fiederblättchen können sich die einzelnen Typen stark unterscheiden. Winzig sind die Blättchen von *Adiantum raddianum* 'Microphyllum'. Sie verleihen der Pflanze ein filigranes Aussehen. Aber auch großblätterige Arten wie zum Beispiel *Adiantum peruvianum*, dessen Fiederblätter bis 5 cm lang werden können, wirken zart, da die Blättchen sehr dünn sind.

Fertile und sterile Wedel sehen bei allen *Adiantum*-Arten gleich aus. Sporen bilden sich vor allem an älteren Pflanzen an den Wedelrändern. Die Sporenbehälter liegen bis zur Reife der Sporen geschützt unter den nach hinten umgebogenen Blatträndern. Man bezeichnet diese deshalb als »falsche Schleierchen«.

- *Adiantum raddianum* und *Adiantum tenerum* sind die beiden bekanntesten Arten. Von ihnen gibt es viele Sorten, die zwei- oder mehrfach gefiederte Wedel besitzen. Im Austrieb sind die jungen Blätter hellgrün, manchmal auch rötlich gefärbt, wie zum Beispiel bei *Adiantum tenerum* 'Scutum Roseum'. Bei ausgewachsenen Pflanzen hängen die Wedel oft leicht über. Sie lassen sich als feines Schnittgrün für duftige Sträuße verwenden.
Von *Adiantum raddianum* sind über 60 Sorten registriert, wie 'Brilliantelse', 'Goldelse', 'Gracillimum' und 'Fragrantissimum'. Es gibt auch Typen mit panaschierten Blättern. Die Stiele der Sorte 'Fritz Lüthi' stehen straff aufrecht und bilden kompakte Pflanzen, die als sehr haltbar gelten.
- *Adiantum fulvum*, eine einfach gefiederte Art, deren Fiederblättchen eng nebeneinander an der Blattspindel sitzen, wirkt sehr dicht.
- *Adiantum hispidulum* hat eine für den Frauenhaarfarn wenig typische, fußförmige Blatteilung.
- *Adiantum caudatum* ist eine attraktive hängende Art mit schlanken, langen, einfach gefiederten Wedeln, die in Ampeln sehr schön aussieht.

Familie: Adiantaceae, Frauenhaarfarngewächse.
Heimat: Mittel- und Südamerika, Afrika und Asien, Polynesien, Australien, Neuseeland, Madeira, Kanarische Inseln. Meist Tropen und Subtropen, jedoch auch gemäßigte Gebiete. Heimat der tropischen Arten ist der feuchte

Sporenlager von Adiantum raddianum.

Sporenlager von Adiantum peruvianum.

Adiantum hispidulum ist ein robuster Frauenhaarfarn.

Regenwald. Sie kommen als Erdfarne häufig an Bachufern, Quellen, Wasserfällen oder in Felsspalten vor.
Standort: Hell, aber nicht sonnig. Ganzjährig warm (Minimum 18 °C), dabei auf »warmen Fuß« achten. Entsprechend abgehärtet, vertragen die Pflanzen jedoch auch Nachttemperaturen bis 15 °C. *Adiantum hispidulum, Adiantum fulvum* und *Adiantum reniforme* sind für kühlere Plätze geeignet. Fast alle Arten und Sorten brauchen hohe Luftfeuchte und gedeihen am besten in einer Vitrine, einem geschlossenen Blumenfenster oder einem Flaschengarten. Trockene Heizungsluft und Zugluft vermeiden.
Pflege: Gleichmäßig feucht halten, dabei weiches Wasser verwenden. Nicht austrocknen lassen, sonst verdorren die Wedel sehr rasch. Ist die Pflanze nur kurzfristig ausgetrocknet, hilft es, den Ballen zu tauchen (→ Seite 17) und braune Wedel abzuschneiden. Die Pflanze treibt dann wieder durch. Im Winter etwas sparsamer gießen (außer in stark geheizten Räumen). Von März bis September 14tägig schwach dosiert düngen. Für hohe Luftfeuchte sorgen (→ Seite 18) und gelegentlich leicht übersprühen. Alle 1 bis 2 Jahre im Frühjahr umtopfen. Die Farne brauchen ein Substrat mit ausreichender Wasserhaltefähigkeit und trotzdem guter Dränage (zum Beispiel Einheitserde P oder TKS 1).
Vermehrung: Durch Sporen oder Teilen größerer Pflanzen. *Adiantum caudatum* durch Brutpflänzchen, die sich an den Wedelspitzen bilden.
Schädlinge, Krankheiten: Blattläuse an den jungen Trieben. Bei zu nassen Bedingungen Grauschimmel. Vorsicht: Die Pflanzen reagieren sehr empfindlich auf Pflanzenschutzmittel.
Mein Tip: Ein idealer Standort für Frauenhaarfarne ist das Badezimmer, denn bei hoher Luftfeuchte fühlen sie sich wohl.
Adiantum hispidulum gilt als weniger anspruchsvolle Art in bezug auf Luftfeuchte und Temperatur.

Asplenium nidus – der bekannteste Nestfarn.

Sporangienstreifen beim Nestfarn.

Asplenium
Nestfarn, Streifenfarn, Brutfarn

Auf der ganzen Erde sind die etwa 600 Arten dieser Gattung verbreitet. Neben den als Zimmerpflanzen geeigneten Arten aus tropischen und subtropischen Gebieten kommen auch in Gegenden mit gemäßigtem Klima Vertreter davon vor. Sie wachsen oft sogar an besonders exponierten Stellen, wie auf Felsen oder Mauern, und sind bis in alpine Regionen verbreitet. In Deutschland sind beheimatet: der Schwarze Streifenfarn (*Asplenium adiantum-nigrum*), die Mauerraute (*Asplenium ruta-muraria*), der Gabelstreifenfarn (*Asplenium septentrionale*), die Schwarzbraune Steinfeder (*Asplenium trichomanes*), die Grüne Steinfeder (*Asplenium viride*).
Die Arten dieser Gattung zeigen einen überraschenden Formenreichtum. Als Zimmerfarne gibt es zwei völlig verschiedene Wuchstypen: die Nestfarne und die Brutfarne. Die riesigen Nestfarne besitzen ungeteilte, große Blätter, während die Brutfarne mehrfach gefiederte Blätter aufweisen. Auf ihren fein zergliederten Wedeln bilden sich winzige Pflänzchen (→ Foto, Seite 25 unten).
Die Sporenbehälter sind bei dieser Gattung meist in länglichen Gruppen an den Seitennerven angeordnet.

- *Asplenium nidus*, der bekannteste Nestfarn, bildet mit seinen ungeteilten, lanzettlichen Blättern große Trichterrosetten, in denen sich Wasser und Nährstoffe sammeln. Wer einmal die riesigen Exemplare in Botanischen Gärten bewundert hat, die leicht 2 bis 3 m Durchmesser erreichen, kann sich gut vorstellen, daß diese Trichter herabfallende Blätter und anderes organisches Material auffangen, das dem Farn als Nährstoffquelle dient. Der Nestfarn wird daher oft mit den Bromelien verglichen.
Die dunkelbraunen bis schwarzen Mittelrippen heben sich schön von dem glänzenden Hellgrün der Blätter ab. Die Sporen bilden sich im oberen Drittel von reifen Wedeln entlang der Seitennerven, was zu dem Namen Streifenfarn geführt hat. Manchmal wird auch die Sorte 'Fimbriatum' angeboten, die stark gebuchtete Blätter besitzt. Sie wächst nur sehr langsam.

Asplenium nidus 'Fimbriatum' wächst sehr langsam.

Asplenium antiguum – ein schmalblättriger Nestfarn.

- *Asplenium antiguum* ist ein weiterer, neuerdings im Handel erhältlicher Nestfarn, eine Art mit schmaleren Blättern, die sich gleichmäßig zur Spitze zu verjüngen. Bei der Sorte 'Osaka' ist der Blattrand gewellt.
- *Asplenium bulbiferum, Asplenium daucifolium* (Möhrenfarn) und *Asplenium dimorphum* gehören zu den Brutfarnen und besitzen zwei- bis vierfach gefiederte Wedel. Im oberen Bereich ihrer Blätter entwickeln sich aus Brutknospen kleine Farnpflänzchen. Die Wedel werden dadurch auf die Erde gedrückt, und die Pflänzchen bilden Wurzeln.

Asplenium dimorphum bildet rautenförmige sterile und schmale sporentragende Fiedern. Beide sind meist auf verschiedene Wedel verteilt, können aber auch auf ein- und demselben Wedel vorkommen.

Asplenium dimorphum gilt als die widerstandsfähigste Art der genannten Brutfarne.

Familie: Aspleniaceae, Streifenfarngewächse.

Heimat: *Asplenium nidus* ist als Epiphyt in den tropischen Regenwäldern Afrikas, Asiens und Australiens zu Hause. *Asplenium antiguum* stammt aus Japan. Die Brutfarne wachsen als Erdbewohner in Australien, Neuseeland, auf der Norfolk-Insel, in Nordindien und auf den Maskarenen.

Standort: Nestfarne halbschattig bis hell, Brutfarne halbschattig bis schattig. Ganzjährig Zimmertemperatur, die im Winter bis auf 16 °C absinken kann. Für Brutfarne reichen im Winter auch 12 bis 15 °C aus. Die Pflanzen bevorzugen hohe Luftfeuchte, *Asplenium nidus* verträgt auch trockenere Luft.

Pflege: Brutfarne ganzjährig mäßig feucht halten. Nestfarne mäßig gießen und Trichter öfter besprühen oder ganze Pflanze überbrausen. Von März bis September 14tägig schwach dosiert düngen. Bei Bedarf im Frühjahr umtopfen. Dabei für Nestfarne nicht zu große Töpfe und lockeres Substrat verwenden.

Vermehrung: Durch Sporen und Brutpflänzchen.

Schädlinge, Krankheiten: Bei *Asplenium nidus* Schildläuse und braune Blattränder durch zu niedrige Luftfeuchte oder zu kühlen Stand.

Mein Tip: Der Nestfarn eignet sich hervorragend für Epiphytenstämme und Farnsäulen.

Die Stiele von Blechnum gibbum sind mit schwarzen Schuppen übersät.

Junger Wedel.

Blechnum
Rippenfarn

Zu dieser Gattung gehört auch unser heimischer Rippenfarn, *Blechnum spicant*. Zum großen Teil stammen die etwa 200 Arten aber aus den Tropen und Subtropen. Viele bilden aufrechte Stämmchen, an denen im oberen Teil eine Rosette einfach gefiederter, leicht überhängender Wedel sitzt. Die Pflanzen erinnern dadurch etwas an Palmen.

Die kaum gestielten Blätter besitzen kräftige Mittelrippen (»Rippenfarn«). Meist bilden die sterilen Wedel breitere Fiederblättchen, die fertilen nur sehr schmale. An ihnen entstehen in langen Streifen entlang der Mittelrippen die Sporenlager.

- *Blechnum brasiliense* entwickelt sich zu großen Exemplaren mit bis zu 1 m hohen Stämmen. Aus dem Zentrum der Blattrosetten entrollen sich die jungen, rötlichen Wedel.
- *Blechnum gibbum* wird meist als kleinere Topfpflanze angeboten, kann an einem günstigen Standort aber ebenfalls beachtlich groß werden.

Familie: Blechnaceae, Rippenfarngewächse.
Heimat: Schattige Wälder der Tropen und Subtropen auf der südlichen Halbkugel. Gedeihen als Erdfarne in feuchten bis nassen Böden.
Standort: Hell bis halbschattig, keine Sonne. Ganzjährig Zimmertemperatur, im Winter nicht unter 16 °C. Mäßig hohe Luftfeuchte.
Pflege: Im Frühjahr und Sommer reichlich gießen, aber Staunässe vermeiden. Im Winter etwas weniger gießen. Nicht austrocknen lassen. Es bilden sich sofort braune Blattspitzen. Bei mehrtägiger Trockenheit stirbt die Pflanze ab. Von März bis September 14tägig schwach dosiert düngen. Die Pflanzen nicht überbrausen und besprühen, da sie gegen Nässe auf den Blättern empfindlich sind. Für indirekte Luftfeuchte (→ Seite 18) und gute Lüftung sorgen. Jüngere Exemplare jährlich, ältere bei Bedarf im Frühjahr umtopfen.
Vermehrung: Durch Sporen.
Schädlinge, Krankheiten: Blattläuse an jungen Trieben, Schildläuse. Glasigwerden der Blätter, gefolgt von schwarzen Flecken durch stehende Nässe auf den Wedeln.

◁ *<u>Attraktive Solitärpflanze.</u> Am günstigen Standort kann sich der Rippenfarn (Blechnum gibbum) zu beachtlicher Größe entfalten.*

Der Sichelfarn Cyrtomium falcatum 'Rochfordianum' ist attraktiv und äußerst robust.

Cyrtomium
Sichelfarn, Stechpalmenfarn, Eisenfarn

Der deutsche Name Stechpalmenfarn kennzeichnet das Aussehen dieses robusten Farns recht gut. Während die jungen Blätter ein helles Grün zeigen, sind die charakteristischen reifen Blätter glänzend dunkelgrün und unregelmäßig grob gezähnt, ähnlich wie die Blätter der heimischen Stechpalme (*Ilex*). Sie wirken lederig, sind einfach gefiedert und haben grüne, besonders im unteren Teil dicht mit braunen Schuppen besetzte, kräftige Stiele. Über die ganzen Fiedern verteilt tragen sie kreisrunde Sporenhäufchen, die sich bei der Reife von Cremeweiß nach Braun verfärben.

- *Cyrtomium falcatum* ist von den 10 Arten am häufigsten als Zimmerpflanze zu finden. Verbreitet ist die Sorte 'Rochfordianum' mit tief gezähnten und geschlitzten Fiederblättern.
- *Cyrtomium fortunei* ist *Cyrtomium falcatum* sehr ähnlich, jedoch nur gelegentlich im Handel.

Familie: Aspidiaceae, Schildfarngewächse.
Heimat: Erdbewohnender Farn aus den gemäßigten bis subtropischen Gebieten Ostasiens, Polynesiens, Ceylons und Südafrikas.
Standort: Halbschattig bis hell, keine direkte Sonne. Die Pflanze liebt kühle, luftige Plätze. Zimmertemperatur im Winter nicht über 15 °C. Ein kurzfristiges Absinken bis auf 2 °C schadet bei abgehärteten Pflanzen nicht. Die Pflanzen sind robust und widerstandsfähig und vertragen auch wärmere oder sehr schattige Standorte sowie niedrige Luftfeuchte sehr gut.
Pflege: Im Sommer reichlich gießen, sonst mäßig feucht halten. Sichelfarne verzeihen sogar ein gelegentliches leichtes Trockenwerden des Substrats. Von März bis September wöchentlich niedrig dosiert düngen. Die Pflanzen lieben milde Regengüsse oder Übersprühen. Alle 1 bis 2 Jahre im Frühjahr umtopfen.
Vermehrung: Aus Sporen oder durch Teilen.
Schädlinge, Krankheiten: Selten; bei zu warmem und lufttrockenem Stand Schild- oder Wolläuse.
Mein Tip: Äußerst anspruchslose Farne im Hinblick auf Standort und Pflege und daher auch für Anfänger zu empfehlen.

Davallia trichomanoides fühlt sich in Ampeln besonders wohl.

Die pelzartig behaarten Rhizome des Büchsenfarns »kriechen« über den Topfrand hinaus oder an Epiphytenstämmen entlang.

Davallia
Büchsenfarn

Dieser kleine Farn mit fein zerteilten Wedeln ist so hübsch, daß er als Zimmerpflanze eine weitere Verbreitung verdient hätte. Die meist dreifach gefiederten Blätter entwickeln sich in gewissen Abständen an dem dicken, oberirdisch kriechenden Rhizom. Durch die dichtsitzenden, gelblichen, rotbraunen oder weißen Schuppen wirkt es wollig oder pelzartig behaart, was im englischen Sprachraum zu der treffenden Bezeichnung »Hasenfußfarn« geführt hat. Die länglichen, becherförmigen Sporenlager bilden sich am Ende der Seitenäderchen. Obwohl die Gattung etwa 40 Arten umfaßt, findet man im Handel meist nur *Davallia trichomanoides*. Andere attraktive Arten, wie zum Beispiel *Davallia fejeensis* oder *Davallia canariensis* sind fast nur in botanischen Sammlungen anzutreffen.
Familie: Davalliaceae, Büchsenfarngewächse.
Heimat: Gemäßigte, subtropische, meist jedoch tropische Gebiete Afrikas, Asiens, Australiens und Polynesiens. Meist auf Bäumen und bemoosten Felsen. *Davallia canariensis* auf den atlantischen Inseln, in Portugal, Spanien und Marokko.
Standort: Hell bis halbschattig, keine Sonne. Im Sommer 20 °C, im Winter 12 bis 15 °C. *Davallia canariensis* verträgt auch niedrigere Temperaturen. Alle Arten lieben hohe Luftfeuchte.
Pflege: Stets gleichmäßig feucht halten. Nicht austrocknen lassen, Staunässe jedoch vermeiden. Von März bis September alle 4 Wochen schwach dosiert düngen. Der Büchsenfarn liebt hohe Luftfeuchte, die am besten in einer Vitrine zu schaffen ist. Im Zimmer häufig besprühen. Nur bei Bedarf im Frühjahr umtopfen, die kriechenden Rhizome dabei nicht mit Substrat bedecken. Nicht zu große Töpfe und lockeres, gut dräniertes Substrat (zum Beispiel Orchideen-Substrat) verwenden.
Vermehrung: Durch Teilung oder Rhizomschnittlinge. Sporenaussaat ist schwierig. In Spezialgärtnereien Vermehrung über Gewebekultur.
Schädlinge, Krankheiten: Bei zu feuchtem Substrat faulen die Rhizome, vor allem im Winter.
Warnung: Die Wedel bestimmter Arten enthalten giftige cyanogene Glykoside.

Der Doppelhüllenfarn verträgt Schatten.

Speerfarn, Doryopteris pedata.

Didymochlaena Doppelhüllenfarn

Von diesem Farn mit glänzenden, dunkel- bis bronzegrünen Wedeln ist nur eine Art bekannt: *Didymochlaena truncatula*. Die Pflanze besitzt meist zweifach gefiederte Wedel, die im Austrieb rosa bis rötlich sind und in Kultur bis 70 cm Länge erreichen können. Am natürlichen Standort bildet die Pflanze im Alter einen etwa 40 cm hohen, dicken Stamm.
Familie: Aspidiaceae, Schildfarngewächse.
Heimat: Wächst als Erdbewohner in tropischen Regenwäldern.
Standort: Halbschattig bis schattig. Im Sommer etwa 20 °C, im Winter genügen 14 bis 18 °C. Hohe Luftfeuchte!
Pflege: Gleichmäßig feucht halten. Im Winter bei niedrigeren Temperaturen weniger gießen. Nicht austrocknen lassen, da der Farn sonst seine Fiedern abwirft. Von März bis September alle 2 Wochen schwach dosiert düngen. Öfter sprühen, besonders während des Austriebs. Jährlich im Frühjahr umtopfen.
Vermehrung: Durch Sporen oder Teilung.
Schädlinge, Krankheiten: Nicht bekannt.
Mein Tip: Auch für Nordfenster geeignet.

Doryopteris Speerfarn

Dieser Farn trägt handförmig geteilte Blätter auf drahtigen Stielen. Die sterilen Wedel haben kürzere Stiele und breitere Teilflächen, die fertilen längere Stiele und schmalere Segmente. Die Sporenlager bilden Streifen entlang der Blattränder. Von den 35 Arten findet man nur *Doryopteris pedata* im Handel. Am Stielansatz wachsen auf den Blättern Brutknospen, die sich zu Pflänzchen weiterentwickeln.
Familie: Sinopteridaceae, Pelzfarngewächse.
Heimat: In allen tropischen Ländern, *Doryopteris pedata* nur im tropischen Amerika. Erd- und Felsenbewohner.
Standort: Hell bis halbschattig, keine Sonne. Ganzjährig Zimmertemperatur, im Winter nicht unter 16 °C.
Pflege: Gleichmäßig leicht feucht halten, im Winter bei niedrigeren Temperaturen weniger gießen. Empfindlich gegenüber Staunässe. Von März bis September alle 4 Wochen niedrig dosiert düngen. Für gute Lüftung sorgen. Bei Bedarf im Frühjahr umtopfen.
Vermehrung: Durch Sporen und Brutpflänzchen.
Schädlinge, Krankheiten: Nicht bekannt.

Stattlich und elegant: *Microlepia speluncae.*

Die noch eingerollten Wedel sehen Bischofsstäben ähnlich.

Mit fortschreitender Entwicklung werden die Enden der Wedel ausgerollt, und die jungen Blattanlagen treten hervor. Zum Schluß streckt sich der Wedel nach oben.

Microlepia
Kleiner Schuppenfarn

Zu den etwa 45 Arten dieser Gattung gehören stattliche Farne, von denen sich einige für die Pflege im Zimmer eignen. Durch die meist feine Fiederung der Blätter wirken sie anmutig, lassen sich jedoch als Topfpflanzen häufig nur ein bis zwei Jahre halten, da sie dann für kleine Wohnungen zu groß werden.

- *Microlepia speluncae* ist meist als einzige Art im Handel. Ihre hellgrünen, weichen, oftmals leicht überhängenden Wedel entspringen in kurzen Abständen aus dem kriechenden Rhizom. Sie können am Naturstandort bis 2 m Länge erreichen, werden im Zimmer aber nur halb so groß. Die dreieckigen Wedel haben bis 50 cm lange Stiele, sind drei- bis vierfach gefiedert und leicht behaart.
- *Microlepia strigosa* besitzt aufrechte bis überhängende, zwei- bis dreifach gefiederte Wedel und bleibt etwas kleiner.
- *Microlepia platyphylla* wirkt durch ihre gröber gefiederten, bläulichgrünen und glänzenden Wedel ganz anders als die oben genannten Arten.

Die Sporenhäufchen entwickeln sich bei dieser Gattung am Blattrand am Ende der Seitenadern.

Familie: Dennstaedtiaceae, Dennstedtgewächse.

Heimat: Die Arten dieser Gattung sind Erdfarne und meist in den Tropen Afrikas und Asiens verbreitet, wo sie häufig auf schattigen Waldböden oder an Flußufern wachsen. *Microlepia speluncae* kommt in allen tropischen und subtropischen Ländern vor, auch an Waldrändern.

Standort: Hell bis halbschattig, keine direkte Sonne. Ganzjährig Zimmertemperatur, im Winter auch etwas kühler (bis 15 °C). Die Pflanze liebt hohe Luftfeuchte.

Pflege: Im Sommer reichlich gießen, im Winter etwas trockener halten. Von März bis September wöchentlich düngen. Öfter besprühen. Jedes Frühjahr umtopfen, da diese Farne ein kräftiges Wurzelsystem entwickeln.

Vermehrung: Aus Sporen oder durch Teilen.

Schädlinge, Krankheiten: Schildläuse.

Mein Tip: Kann im Wintergarten als Schutz für kleinere Farne gepflanzt werden.

Gruppe verschiedener Schwertfarne.

Nephrolepis exaltata 'Corditas'.

Nephrolepis **Schwertfarn, Nierenschuppenfarn**

Mit ihren kurzgestielten, meist elegant überhängenden Wedeln gilt diese Pflanze als der Farn schlechthin. Etwa 30 Arten sind in den Tropen und Subtropen der ganzen Erde beheimatet. Dort gedeihen sie so gut, daß sie sich in den Gärten als »Unkraut« ansiedeln. Durch die starke Ausläuferbildung breiten sie sich rasch aus und besiedeln auch in Töpfen bald die gesamte Oberfläche.

Nephrolepis exaltata 'Verona Lace'.

Die Wedel mancher Arten können bis zu einem Meter lang werden. Die reinen Arten besitzen einfach gefiederte Blätter, es gibt jedoch unzählige Sorten mit sehr unterschiedlich gestalteten, bis vierfach gefiederten Wedeln. Die Einzelfiedern sind mehr oder weniger gekraust oder gewellt, ihre Ränder gesägt oder gekerbt.

Der Name Nierenschuppenfarn bezieht sich auf die nierenförmigen Sporenhäufchen, die sich am Ende der Seitenadern entwickeln.

Die Wedel eignen sich gut für eine Verwendung als Schnittgrün.

• *Nephrolepis exaltata* ist die am häufigsten angebotene Art mit den meisten Sorten. Die älteste, die auch heute noch gehandelt wird, wurde bereits um 1870 in Amerika entdeckt und unter dem Namen 'Bostoniensis' oder einfach als »Boston-Farn« berühmt. Aus ihr sind viele weitere Sorten hervorgegangen. Es gibt Typen in den unterschiedlichsten Grüntönen mit ein- bis vierfach gefiederten Wedeln und verschieden starker Wüchsigkeit. Kompakte Sorten sind 'Boston Zwerg' mit aufrechtem Wuchs, 'Maassii' mit relativ glatten Fiedern oder 'Teddy Junior' mit gewellten Fiedern. Groß und ausladend wächst dagegen 'Rooseveltii'. 'Little Linda' oder 'Verona Lace' sind kleine, fein drei- bis vierfach gefiederte, sehr dicht wirkende Typen.

• *Nephrolepis cordifolia* besitzt steifere, dunkelgrüne Wedel, die bis 60 cm lang werden, aber nur etwa 5 cm breit sind.

Nephrolepis cordifolia 'Duffii' mit schmalen, matt hellgrünenWedeln.

Häufig treten bei Farnsorten verschiedene Grade der Fiederung an einem Wedel auf. Die Fiedern von Nephrolepis cordifolia 'Plumosa' sind in der äußeren Hälfte nochmals unterteilt.

Eine Besonderheit stellen die unterirdisch an den Ausläufern sitzenden Speicherknollen dar. Meist wird nicht die Art, sondern der kleiner bleibende Typ 'Compacta' oder die Sorte 'Plumosa' angeboten, deren Fiederblätter in der äußeren Hälfte geteilt sind. Die ungewöhnliche Sorte 'Duffii' besitzt sehr schmale Wedel mit fast runden, für die Art sehr hellen Fiedern.

- *Nephrolepis biserrata* ist eine sehr kräftig wachsende Art, deren Wedel in Kultur bis zu einem Meter lang werden können. Bei der Sorte 'Furcans', die manchmal auch zu *Nephrolepis falcata* gerechnet wird, sind die Fiederenden mehrfach gegabelt.

Familie: Nephrolepidaceae, Schwertfarngewächse.

Heimat: *Nephrolepis exaltata* und *Nephrolepis biserrata* sind in den tropischen Gebieten der gesamten Erde verbreitet, *Nephrolepis cordifolia* kommt im tropischen Asien und bis nach Neuseeland vor. Schwertfarne können auf dem Boden oder auch als Epiphyten wachsen.

Standort: Hell bis halbschattig. Keine direkte Sonne, verträgt aber mehr Licht als viele andere Farne. Ganzjährig Zimmertemperatur, auch im Winter nicht unter 18 °C. Die Pflanze liebt hohe Luftfeuchte.

Pflege: Stets gleichmäßige Feuchte ist bei diesem Farn besonders wichtig. Nicht austrocknen lassen, aber Staunässe vermeiden! Am besten lassen sich diese Bedingungen durch eine Tonkerzenbewässerung (→ Seite 18) erfüllen. *Nephrolepis cordifolia* verträgt etwas mehr Trockenheit. Von März bis September alle 2 Wochen schwach dosiert düngen. Öfter übersprühen. Starkwüchsige Sorten jedes Jahr, schwachwüchsige nur bei Bedarf im Frühjahr umtopfen.

Vermehrung: Durch Ausläufer oder Teilen, die Arten auch durch Sporen. Bei *Nephrolepis cordifolia* kann man auch Speicherknollen mit einem Stück des Ausläufers verwenden. *Nephrolepis exaltata* wird heute in Spezialgärtnereien meist über Gewebekultur vermehrt, da viele Sorten keine Sporen bilden.

Schädlinge, Krankheiten: Spinnmilben durch zu geringe Luftfeuchte, Trauermücken. Fahlgrüne Fiedern, die schließlich abgeworfen werden, bei zu nassem oder zu trockenem Wurzelballen und bei zu dunklem Stand.

Gruppe von Pellaea falcata und Didymochlaena truncatula (vorne links).

Pellaea falcata. Die Sporangien säumen als randständige Streifen die Fiedern ein und bilden zusammen mit der Aderung ein interessantes Muster.

Pellaea
Pellefarn, Knopffarn

Der Knopffarn gehört zu den Pflanzen, die man bei flüchtiger Betrachtung nicht unbedingt den Farnen zuordnet. Sporen bilden sich in Streifen entlang der Blattränder.

- *Pellaea rotundifolia* ist die von den 80 Arten am häufigsten angebotene Topfpflanze. Sie besitzt sehr dunkle, einfach gefiederte Wedel mit kreisrunden, lederigen Fiederblättchen, die wie Perlen an den schuppigen, dunkelbraunen Blattspindeln aufgereiht sind. Die Pflanze wird 20 cm hoch und ist relativ robust.
- *Pellaea falcata* ist eine einfach gefiederte Art mit länglich-eiförmigen Fiederblättchen.
- *Pellaea viridis* besitzt ein- bis dreifach gefiederte, bis 60 cm lange Wedel mit länglich-dreieckigen Fiedern und schwarzen Blattstielen.

Familie: Sinopteridaceae, Pelzfarngewächse.
Heimat: *Pellaea rotundifolia* stammt aus Neuseeland und von der Norfolk-Insel, *Pellaea falcata* aus Südasien, Australien, Tasmanien und Neuseeland, *Pellaea viridis* aus Südafrika, von Madagaskar und den Maskarenen. Pellefarne sind erd- oder felsenbewohnende Pflanzen meist gemäßigter bis subtropischer, oft auch trockenerer Gebiete.
Standort: Hell bis halbschattig, keine direkte Sonne. Die Pflanzen lieben einen eher kühlen, frischen Platz, etwa im Treppenhaus. Im Winter darf die Temperatur bis auf 12 °C absinken. *Pellaea viridis* braucht etwas wärmere Temperaturen.
Pflege: Stets nur leicht feucht halten. Im Winter bei niedrigeren Temperaturen wenig gießen, jedoch nicht austrocknen lassen. Von März bis September alle 4 Wochen schwach dosiert düngen. Für gute Lüftung sorgen. Nur bei Bedarf im Frühjahr umtopfen. Dabei nährstoffarme Erde (zum Beispiel Aussaaterde) und keine zu großen Töpfe verwenden.
Vermehrung: Durch Sporen oder Teilung. *Pellaea rotundifolia* wird in Spezialgärtnereien durch Gewebekultur vermehrt.
Schädlinge, Krankheiten: Schildläuse.
Mein Tip: *Pellaea rotundifolia* verträgt auch trockenere Zimmerluft.

Phlebodium
Phlebodium

Die bekannteste der etwa 10 Arten ist *Phlebodium aureum*. Sie besitzt tief fiederspaltige, blau überlaufene, langgestielte Blätter. Erwachsene Exemplare können über 1 m groß weden. Der lateinische Artzusatz *aureum* (goldfarben) erklärt sich durch die oberirdisch kriechenden, mit goldbraunen Schuppen besetzten Rhizome oder die gelben, runden Sporenhäufchen.
Die Sorte 'Mandaianum' hat gewellte Blattränder und wird nur etwa 75 cm hoch. 'Cristatum' besitzt gekrauste Blattspitzen.
Familie: Polypodiaceae, Tüpfelfarngewächse.
Heimat: Tropisches bis subtropisches Amerika.
Standort: Nur bei hellem Stand gute Ausfärbung der Blätter. Ganzjährig Zimmertemperatur, im Winter mindestens 16 °C. Verträgt trockenere Luft.
Pflege: Im Sommer reichlich gießen, Staunässe jedoch vermeiden. Im Winter trockener halten. Von März bis September alle 2 Wochen schwach dosiert düngen. Gelegentlich übersprühen. Bei Bedarf im Frühjahr umtopfen, Rhizom nicht bedecken.
Vermehrung: Durch Sporen und Rhizomteilung.
Schädlinge, Krankheiten: Schildläuse.

Phlebodium benötigt Platz für eine ungestörte Entwicklung.

Prachtexemplar eines Geweihfarns, Platycerium bifurcatum.

Platycerium
Geweihfarn

Die Beliebtheit dieser exotischen Gewächse kommt nicht von ungefähr – ihre einzigartige Gestalt weckt Interesse, und stattliche Exemplare können einen besonderen Blickfang bilden. Die Anspruchslosigkeit der Pflanzen, bei denen man auch einmal das Gießen vergessen darf, und ihre Unempfindlichkeit gegenüber trockener Heizungsluft sind zusätzliche, willkommene Eigenschaften.
Der Geweihfarn ist gut an sein Leben als Epiphyt auf Bäumen angepaßt. Er entwickelt zunächst sterile, oft ganzrandige Blätter, die nach hinten umgestülpt sind und der Unterlage fest anliegen. Sie werden als Mantel- oder Nischenblätter bezeichnet. Die älteren dieser Nischenblätter vertrocknen allmählich und bleiben noch lange als braune, papierartige Lagen unter den neu gebildeten Blättern erhalten. So entsteht eine Art Behältnis, in dem sich Humus und Wasser sammeln.
Die fertilen Blätter wachsen aufrecht oder überhängend aus dieser Rosette heraus. Sie sind kräftig, grün oder graugrün und je nach Art meist mehr oder weniger tief gelappt. Ihr weißgrauer Belag schützt sie vor zu starker Verdunstung.
Ungewöhnlich sind die Sporenlager, die sich je nach Art entweder an den Enden der Blattzipfel (*Platycerium bifurcatum*) oder auf der Blattfläche unterhalb der Gabelungen (*Platycerium grande*) als große, dunkelbraune bis schwarze Flächen bilden.
Die Gattung umfaßt 17 Arten, von denen in der Regel jedoch überwiegend *Platycerium bifurcatum* mit einigen Sorten im Handel ist.

- *Platycerium bifurcatum* macht mit seinen mehrfach eingeschnittenen fertilen Blättern dem Namen »Geweihfarn« alle Ehre. Es handelt sich um eine sehr variable Art, die am heimatlichen Standort große Kolonien bildet.

Von den übrigen Arten kann man bei uns meist nur einige in botanischen Sammlungen bewundern. Sie zeigen eine interessante Vielfalt in der Ausgestaltung der Blätter.

- *Platycerium grande*, das manchmal auch im Handel angeboten wird, besitzt sehr große, aufrechte, am Rand gelappte Nischenblätter.
- *Platycerium superbum* ähnelt *Platycerium grande* und bildet ebenfalls große Einzelexemplare.
- *Platycerium angolense* hat ungeteilte fertile Blätter und Nischenblätter mit gewellten Rändern.
- *Platycerium coronarium* besitzt tief eingeschnittene, bis 3 m lange fertile Blätter, die als 3 cm breite Riemen nach unten hängen.
- *Platycerium madagascariense* bildet durch hervortretende Blattnerven auf den Nischenblättern ein interessantes Netzmuster. Diese Art braucht kühlere Temperaturen.

Sporenflächen bei Platycerium bifurcatum.

Platycerium grande bildet Nischenblätter.

Familie: Polypodiaceae, Tüpfelfarngewächse.
Heimat: Die meisten Arten sind in den tropischen Gebieten von Südchina über Hinterindien, Malaysia und Indonesien bis zu den Philippinen, nach Neuguinea und Australien beheimatet. Einzelne Arten sind auch im tropischen Afrika, auf Madagaskar, den Maskarenen, Komoren und Seychellen sowie in Peru und Bolivien zu Hause. Sie leben meist in feuchtwarmen Regenwäldern als Epiphyten in Astgabeln, an Stämmen oder auf Felsen.
Standort: Hell bis halbschattig. Ganzjährig tagsüber 18 bis 25 °C. Die Temperaturen dürfen nachts bis auf 15 °C absinken. Die Pflanzen lieben zumindest mittlere Luftfeuchte, vertragen jedoch auch trockenere Luft.
Pflege: Nur mäßig gießen, vor allem an etwas kühleren Standorten und im Winter, jedoch nie ganz austrocknen lassen. Am besten alle 1 bis 2 Wochen tauchen. Staunässe ist tödlich! Dem Gieß- oder Tauchwasser von März bis September alle 2 Wochen niedrig dosiert Dünger zugeben. Nicht übersprühen. Abgestorbene Nischenblätter auf keinen Fall entfernen. Die Wachsschicht der Blätter darf nicht verletzt werden, da sie den Farn vor zu starker Verdunstung schützt. An Rindenstücken oder auf Epiphytenstämmen fühlen sich die Pflanzen am wohlsten, man kann sie aber auch in Lattenkörbchen pflanzen. Kultiviert man *Platycerium* in Töpfen, sollte man nur bei Bedarf umtopfen und lockeres Substrat (zum Beispiel Orchideensubstrat) sowie keine zu großen Gefäße wählen.
Vermehrung: Durch Sporen oder durch Teilen. *Platycerium bifurcatum* wird in Spezialgärtnereien vielfach über Gewebekultur vermehrt.
Schädlinge, Krankheiten: Schildläuse. Vorsicht: Geweihfarne vertragen verschiedene Pflanzenschutzmittel nicht.
Mein Tip: Wenn Sie Geweihfarne im Tauchbad düngen, können Sie die überschüssige Düngerlösung anschließend zum Gießen Ihrer übrigen Farne oder anderer Zimmerpflanzen verwenden. Dadurch wird Dünger gespart und die Umwelt geschont.

Polypodium polycarpon 'Grandiceps'.

Viele Tüpfelfarne besitzen attraktive kriechende Rhizome. Bei Polypodium lucidum ist es glänzend grün mit schwarzen Flecken. Entsprechend der Größe der gesamten Pflanze – die Wedel werden gut 1 m lang – ist auch das Rhizom 2 bis 3 cm dick.

Polypodium Tüpfelfarn

Bekannt ist diese große, variable Gattung bei uns durch die als Freilandfarne gepflanzten Typen. Einige Arten sind auch in Europa heimisch, wie das Engelsüß (*Polypodium vulgare*), dessen Wurzeln früher häufig als Pflanzstoff für Orchideen und Epiphyten verwendet wurden. Die meisten sind aber wärmere Klimate gewöhnt und gedeihen bei uns nur im Zimmer. Leider findet man sie nur sehr selten im Handel. Die Pflanzen besitzen kriechende Rhizome und gefiederte oder auch ungeteilte Blätter. Die meist kreisrunden Sporenhäufchen werden jeweils in Reihen parallel zu den Mittelrippen gebildet. Sie werden nicht durch Schleierchen, sondern durch Haare geschützt. Die Blätter sind oft an den Stellen, an denen die Sporen sitzen, leicht eingedellt und wirken dadurch wie genagelt. Wächst meist langsam.

- *Polypodium polycarpon* und seine Sorten sind am meisten verbreitet. Sie besitzen schmale, ungeteilte, lederige, bis 50 cm lange Blätter, die bei einzelnen Sorten gezähnt oder wie bei 'Grandiceps' an der Spitze gegabelt sein können.
- *Polypodium longifolium* hat seinem Namen entsprechend ganz schmale, lange Blätter von 2 cm Breite und 60 cm Länge.
- *Polypodium lucidum* und *Polypodium scandens* gehören zu den Arten mit gefiederten Blättern.

Familie: Polypodiaceae, Tüpfelfarngewächse.
Heimat: Kommen meist in den Tropen oder Subtropen vor. Tüpfelfarne wachsen als Erd- oder Felsenfarne und auch als Epiphyten.
Standort: Hell bis halbschattig, keine Sonne. Ganzjährig Zimmertemperatur, im Winter auch kühler (bis 12 °C). Die Pflanzen lieben mäßige Luftfeuchte.
Pflege: Im Frühjahr und Sommer gleichmäßig feucht halten, Staunässe jedoch vermeiden. Im Winter weniger gießen. Von März bis September wöchentlich niedrig dosiert düngen. Für gute Lüftung sorgen. Meist werden diese Farne epiphytisch kultiviert, man kann sie jedoch auch in Töpfe pflanzen. Dabei auf lockeres Substrat achten und nur bei Bedarf im Frühjahr umtopfen.
Vermehrung: Durch Teilung oder Sporen.
Schädlinge, Krankheiten: Schildläuse.

Polystichum tsus-simense.

Unreife Sporenhäufchen auf der Blattunterseite.

Polystichum
Schildfarn

Schildfarne sind bei uns vor allem als Freilandfarne bekannt. Zu dieser Gattung gehört auch der von Floristen geschätzte Schwertfarn, *Polystichum munitum*, dessen Wedel als Schnittgrün aus dem westlichen Nordamerika importiert werden.
Als Zimmerpflanze findet man fast ausschließlich *Polystichum tsus-simense* im Angebot. Seinen Namen erhielt dieser kleine Farn von der japanischen Inselgruppe Tsuschima. Er erreicht einen Durchmesser von nur 15 bis 20 cm und eine Höhe von etwa 30 cm. Seine Blätter sind eiförmig-länglich und doppelt gefiedert. Die Blattstiele tragen im unteren Teil viele dunkelbraune Schuppen und sind weiter oben behaart. Die runden Sporenhäufchen mit schildförmigen Schleierchen bilden zwei regelmäßige Reihen zwischen Blattrand und Mittelrippe.
Dieser Farn wirkt besonders attraktiv durch seine dunkelgrünen, lederigen Wedel. Er ist aber auch wegen seiner Vorliebe für kühlere Standorte interessant. In Weinbaugegenden ist er mit Laubschutz sogar winterhart.

Familie: Aspidiaceae, Schildfarngewächse.
Heimat: Die Gattung ist weltweit in gemäßigten bis subtropischen Gebieten verbreitet. Die Pflanzen wachsen als Erdbewohner häufig in Bergwäldern und an Flußufern. *Polystichum tsus-simense* stammt aus Korea, Japan, China und Taiwan.
Standort: Hell, aber nicht sonnig. Die Pflanze verträgt kühlere Temperaturen, die zwischen 12 und 16 °C liegen und im Winter oder nachts auch gut bis auf 5 °C absinken können.
Pflege: Während der Wachstumsphase gleichmäßig feucht halten. Im Winter weniger gießen, jedoch nicht austrocknen lassen. Von März bis September wöchentlich niedrig dosiert düngen. Der Farn verträgt mit seinen lederigen Blättern zwar auch trockenere Luft, ist jedoch für ein gelegentliches Übersprühen dankbar. Jährlich im Frühjahr umtopfen.
Vermehrung: Durch Teilung oder Sporen.
Schädlinge, Krankheiten: Nicht bekannt.
Mein Tip: *Polystichum tsus-simense* eignet sich wegen seiner geringen Größe gut für Flaschengärten.

Pteris quadriaurita 'Tricolor'.

Pteris cretica 'Roeweri'.

Pteris
Saumfarn

Die ein- oder zweifach gefiederten oder fiederspaltigen Wedel dieser variablen Gattung sind oft an den Spitzen noch gekraust. Die Blattstiele sind glatt und dünn, gelb, grün oder braun.

• *Pteris cretica* ist die am häufigsten angebotene Art. Ihre sterilen Jugendblätter haben kurze Stiele und breite Fiedern. Später entwickeln sich langgestielte, aufrechte Wedel mit schmäleren Fiederblättern, an deren Rand sich in einer durchgehenden Linie (außer an den Fiederspitzen) die Sporen bilden. Die Sporenbehälter liegen geschützt unter den umgeschlagenen Blatträndern.
Sehr bekannt sind die grünlaubigen Sorten 'Parkeri', 'Roeweri' und 'Wimsettii' und die grüngelbweiß gestreiften Typen 'Albolineata' und 'Mayi'.

• *Pteris ensiformis* 'Evergemiensis' bildet sehr elegante, kleine Pflanzen mit grün-weiß panaschierten Blättern.

• *Pteris argyrea* besitzt Blattfiedern, die am Grunde silberweiß leuchten.

• *Pteris quadriaurita* 'Tricolor' hat grün-rötlich gefärbte Wedel.

• *Pteris tremula* kann über 1 m hoch werden.

Familie: Pteridaceae, Saumfarngewächse.
Heimat: Tropen und Subtropen, einige Arten auch in gemäßigten Gebieten. Ausschließlich Erdfarne.
Standort: Hell bis halbschattig, grünlaubige Arten auch schattig, keine Sonne. Grünlaubige Typen kühl (15 bis 18 °C), panaschierte wärmer (18 bis 20 °C), im Winter auch bis zu 3 °C niedriger. Die meisten Arten lieben hohe Luftfeuchte.
Pflege: Stets gleichmäßig feucht halten. Im Winter an kühleren Plätzen weniger gießen, aber nicht austrocknen lassen. Von März bis September wöchentlich schwach dosiert düngen. Öfter übersprühen. Jährlich im Frühjahr umtopfen.
Vermehrung: Durch Sporen oder Teilen.
Schädlinge, Krankheiten: Blattläuse an den jungen Trieben.

Pteris-Sortiment. Hinten von links nach rechts: Pteris cretica 'Mayi', Pteris cretica 'Albolineata', Pteris fauriei. Vorne von links nach rechts: Pteris cretica 'Parkeri', Pteris ensiformis 'Evergemiensis', Pteris dentata 'Stramina', Pteris fauriei.

▷

Actiniopteris australis
Strahlenfarn

Die fächerförmig eingeschnittenen, dunkelgrünen Blätter dieses Zwergfarns erinnern an Palmen. Er wird nur etwa 20 cm hoch und eignet sich gut für Flaschengärten. Geschützt durch die umgeschlagenen Blattränder entwickeln sich die Sporen.
Familie: Actiniopteridaceae, Strahlenfarngewächse.
Heimat: Tropisches Afrika und Asien.
Standort: Schattig bis hell, Zimmertemperatur, hohe Luftfeuchte.
Pflege: Im Frühjahr und Sommer reichlich gießen, Staunässe jedoch vermeiden. Im Winter bei niedrigeren Temperaturen sparsamer wässern. Gleichmäßige Feuchtigkeit ist für diesen Farn sehr wichtig. Auf keinen Fall austrocknen lassen! Die Wedel werden dadurch silbriggrau und erholen sich nicht wieder. Alle 4 Wochen düngen.

Kletterfarn, Lygodium.

Goldfarn, Pityrogramma.

Grazil, aber etwas heikel – der Strahlenfarn, Actiniopteris australis.

Lygodium
Kletterfarn

Lygodium japonicum kann sich mit den langen, drahtigen Stielen und Spindeln seiner Blätter am Naturstandort bis über 15 m hoch winden. Er läßt sich gut als grüne Wand im Zimmer verwenden.
Die Sporen entwickeln sich an den feinen Lappen am Rand der fertilen Fiedern.
Familie: Lygodiaceae, Kletterfarngewächse.
Heimat: Tropen und Subtropen.
Standort: Hell bis halbschattig. Tags 18 bis 20 °C, nachts um 16 °C. Liebt hohe Luftfeuchte.
Pflege: Stets gleichmäßig feucht halten. Alle 4 Wochen düngen. Öfter übersprühen. Benötigt Stäbe, Schnüre oder Wellendraht als Kletterhilfe.

Wedel von Blechnum moorei mit Sporenstreifen.

Hemionitis arifolia mit Brutpflänzchen.

Pityrogramma
Gold- und Silberfarne

Viele Arten dieser Farngattung zeichnen sich durch eine mehlige, weiße, hell- oder goldgelbe Bestäubung auf den Blattunterseiten aus. Sporen entwickeln sich entlang der Adern.
Familie: Hemionitidaceae, Hemionitisgewächse.
Heimat: Meist tropisches Amerika, außerdem Südafrika und westafrikanische Inseln. Besiedeln eher trockene Stellen.
Standort: Hell. Temperaturen um 15 °C sind meist ausreichend.
Pflege: Stets nur leicht feucht halten, Staunässe vermeiden! Alle 4 Wochen düngen. Nicht übersprühen, da dadurch die Bemehlung zerstört wird.

Hemionitis arifolia
Hemionitis

Auf den herzförmigen Blättern dieses ungewöhnlichen Zwergfarns entwickeln sich aus Brutknospen (→ Foto) kleine Pflänzchen. Sporen bilden sich entlang der Adern an den länger gestielten fertilen Blättern.
Familie: Hemionitidaceae, Hemionitisgewächse.
Heimat: Tropisches Asien.
Standort: Hell bis halbschattig, Zimmertemperatur.
Pflege: Gleichmäßig leicht feucht halten, Staunässe vermeiden. Alle 4 Wochen düngen. Nur bei Bedarf umtopfen und keine zu großen Töpfe verwenden, da dieser Farn nur ein schwaches Wurzelwerk entwickelt.

Blechnum moorei
Rippenfarn

Eine schöne, jedoch sehr selten erhältliche Rippenfarn-Art ist *Blechnum moorei* aus Neukaledonien. Die Pflege entspricht der anderer *Blechnum*-Arten (→ Seite 40/41).

Arachniodes adiantiformis
Lederfarn

Der Lederfarn (→ Foto, Seite 22) ist zwar als Schnittgrün sehr bekannt, wird aber selten als Topfpflanze angeboten. Er ist ein haltbarer Farn für kühlere Standorte (tags 15 bis 18 °C, nachts und im Winter 10 °C möglich).
Warnung: Sporenbildende Exemplare des Lederfarns können Hautreizungen hervorrufen und sollten von Allergikern gemieden werden.

FARN-VERWANDTE

Selaginella
Moosfarn, Mooskraut

Die Gattung *Selaginella* zählt nicht zu den Echten Farnen, sondern zu den Bärlapp-Farnpflanzen. Diese Klasse entwickelte bereits im Erdaltertum ihre große Formenvielfalt. Neben den ebenfalls dazugehörenden, bis 40 m hohen Schuppen- und Siegelbäumen, die die Steinkohlenwälder der Karbonzeit beherrschten, gab es auch damals schon krautige Arten. Es ist beeindruckend, sich vorzustellen, daß unsere heute noch existierenden Bärlappe und Moosfarne Pflanzen ähneln, die sich vor etwa 350 Millionen Jahren entwickelt haben.

Selaginella martensii.

Selaginella kraussiana.

Von den etwa 700 Arten sind nur zwei in Mitteleuropa, in den Alpen, heimisch, die übrigen stammen meist aus den Tropen.
Die Sprosse der Moosfarne sind meist gabelig verzweigt und mit vier Zeilen schuppenförmiger Blättchen besetzt. Bei den kriechend wachsenden Arten bilden sie bald einen grünen Teppich. An den Verzweigungsstellen der Stengel entspringen bei vielen Arten helle, blattlose Triebe, die »Wurzelträger« genannt werden, weil aus ihnen Wurzeln herauswachsen.

Selaginella martensii 'Watsoniana'.

Bei den Moosfarnen bilden die sporentragenden Blättchen vierkantige, endständige Ähren. Jedes Sporenblatt trägt nur einen Sporenbehälter, der sich am Blattansatz bildet. Es entstehen männliche Sporangien mit vielen kleinen Sporen und weibliche mit vier großen Sporen, die zusammen in einer Ähre stehen. Die Entwicklung der ebenfalls männlichen und weiblichen Vorkeime beginnt bereits, bevor die Sporen ihre Kapseln verlassen haben.
Die Gattung ist sehr variabel. Neben niedrigen, rasenartig wachsenden Typen gibt es auch aufrechte oder sogar kletternde. In der Farbe der Blättchen treten sämtliche Schattierungen von gelb- über satt- bis blaugrün auf. Auch weiß- oder gelbgrün panaschierte Typen gibt es. Am häufigsten findet man *Selaginella apoda* und Sorten von *Selaginella kraussiana* sowie *Selaginella martensii* im Handel.

Moosfarne als kleine, zierliche Topfpflanzen.

Pflege: Gleichmäßig feucht halten, Staunässe vermeiden. Ballen auf keinen Fall austrocknen lassen; die Pflanzen erholen sich davon meist nicht wieder. Von März bis September 14tägig schwach dosiert düngen. Öfter sprühen.
Vermehrung: Durch Zweigspitzen und -teile, die auf dem Substrat befestigt werden oder durch Teilen. Manche Arten durch Jungpflanzen, die sich auf den Blättern bilden.
Schädlinge, Krankheiten: Nicht bekannt.

- *Selaginella apoda* aus Nordamerika ist sehr niedrig und wirkt moosartig.
- *Sellaginella kraussiana* stammt aus dem tropischen und südlichen Afrika. Sie bildet mit ihren niederliegenden, bis 30 cm langen Zweigen dichte Teppiche.
- *Selaginella martensii* (→ Foto, unten links) aus Mexiko wächst aufrecht, unterstützt durch kräftige Wurzelträger. Sie wird etwa 30 cm hoch.
- *Selaginella gracilis* ist in Polynesien beheimatet. Sie kann bis 90 cm hoch werden, wirkt aber trotzdem sehr zierlich.
- *Selaginella willdenowii* aus dem tropischen Asien kann durch ihre abstehenden Wedeltriebe als Spreizklimmer mehrere Meter hoch klettern. Sie besitzt blaugrüne Wedel.

Familie: Selaginellaceae, Moosfarngewächse.
Heimat: Tropen, Subtropen und gemäßigte Gebiete. Meist in tropischen Regenwäldern, seltener in Trockengebieten.

Sorte von Selaginella kraussiana.

Selaginella apoda.

Standort: Die meisten als Zimmerpflanzen angebotenen Arten lieben Schatten oder Halbschatten, ganzjährig Zimmertemperatur und eine hohe Luftfeuchte. Vor Zugluft schützen.

Mein Tip: Moosfarne eignen sich gut als Unterpflanzung für größere Farne. Kleine Arten sind eine ideale Bereicherung für Flaschengärten.

REGISTER

Die **halbfett** gesetzten Seitenzahlen verweisen auf Farbfotos und Farbzeichnungen.
U = Umschlagseite.

Adressen/Bücher/ Zeitschriften

Seltene Arten oder große Exemplare von Farnen kann man oft nur in Botanischen Gärten bewundern – hier eine Auswahl:

Botanischer Garten und Botanisches Museum Berlin-Dahlem, Königin-Luise-Straße 6–8, W-1000 Berlin 33

Botanischer Garten der Universität, Meckenheimer Allee 171, W-5300 Bonn 1

Palmengarten der Stadt Frankfurt, Siesmayerstraße 61, W-6000 Frankfurt/Main

Botanischer Garten der Albert-Ludwigs-Universität, Schänzlestraße 1, W-7800 Freiburg

Botanischer Garten der Universität, Im Neuenheimer Feld 340, W-6900 Heidelberg

Städtische Gewächshäuser Magdeburg, Straße der DSF 129 b, O-3011 Magdeburg

Botanischer Garten München, Menzinger Straße 63, W-8000 München 19

Botanischer Garten der Pädagogischen Hochschule 'Karl Liebknecht', Maulbeerallee 2, O-1500 Potsdam

'Wilhelma', Zoologisch-Botanischer Garten Stuttgart, W-7000 Stuttgart 50

Botanischer Garten der Universität, Hartmeyerstraße 123, W-7400 Tübingen

Bücher und Zeitschriften, die weiterhelfen

Bücher

Encke, F.: *Kalt- und Warmhauspflanzen.* Verlag Eugen Ulmer, Stuttgart

Graf, A. B.: *Exotica.* Roehrs Company, East Rutherford, New Jersey, USA

Graf, A. B.: *Tropica.* Roehrs Company, East Rutherford, New Jersey, USA

Heitz, H.: *Zimmerpflanzen.* Gräfe und Unzer Verlag, München

Herwig, R.: *Pareys Zimmerpflanzen Enzyklopädie.* Verlag Paul Parey, Berlin, Hamburg

Jehmlich, H.; Manke, M.: *Farne.* Verlag für die Frau, Leipzig

Jones, D. L.: *Encyclopaedia of ferns.* Timber Press, Portland, Oregon

Oudshoorn, W.: *Farne für Haus und Garten.* Verlag Eugen Ulmer, Stuttgart

Probst, W.: *Biologie der Moos- und Farnpflanzen.* Quelle & Meyer, Heidelberg

Zeitschriften

FLORA. Gruner + Jahr AG & Co., Postfach 11 00 11, 2000 Hamburg 11

Kraut & Rüben. BLV Verlagsgesellschaft mbH, Lothstraße 29, 8000 München 40

mein schöner Garten. Verlag Burda GmbH, Hauptstraße 130, 7600 Offenburg

Gartenpraxis. Verlag Eugen Ulmer, Wollgrasweg 41, 7000 Stuttgart 70

Autorin, Fotograf und Verlag danken folgenden Personen für ihre Unterstützung bei der Beschaffung der Pflanzen für die Fotos:

P. W. Eveleens, Royal Eveleens, Aalsmeer, Niederlande

Frans Didden, Royal Eveleens, Aalsmeer, Niederlande

Bloemen Bart, Noordwijk, Niederlande

Walburga Weiß, Fürth

André Noack, Fürth

Ruhe Varens, Amstelveen, Niederlande

Michael Grille, Gartenbau Rothe, Berlin

Wichtige Hinweise

In diesem Buch wird die Pflege von Zimmerfarnen beschrieben. Einige der genannten Pflanzen sind mehr oder weniger giftig. In den Pflanzenporträts (→ Seite 34–59) wird unter dem Stichwort Warnung auf die Gefährdung der Gesundheit hingewiesen. Essen sie auf keinen Fall von Ihren Pflanzen und sorgen Sie dafür, daß Kinder keine Pflanzenteile verzehren. Achten sie darauf, daß Haustiere keine Pflanzenteile fressen. Sporenbildende Farne können außerdem hautreizende Eigenschaften besitzen. Allergiker sollten diese Pflanzen meiden. Halten sie sich beim Einsatz von Pflanzenschutzmitteln genau an die Gebrauchsanweisung und an die Empfehlungen auf Seite 30. Halten Sie bei Arbeiten mit Pflanzenbehandlungsmitteln Kinder und Haustiere fern.

Die Fotos auf dem Umschlag:
Umschlagvorderseite: Schwertfarn, *Nephrolepis exaltata*.
Umschlagseite 2: Sporentragender Wedel von *Pellaea falcata*.
Umschlagseite 3: Sortiment von Zimmerfarnen.
Umschlagrückseite: Frauenhaarfarn, *Adiantum raddianum*.

Die Fotografen:
Amberger-Ochsenbauer: Seite 37 li.o., 37 li.u., 41 li., 41 re., 45 m., 45 re., 48 re., 51 li., 52 re., 53 re., 56 li.o., 57 li., 58 u.; Eisenbeiß: Seite 5 u., 12, 32/33, 38 re., 64/U3; Photoplant: Seite 5 o.; Stork: alle übrigen Fotos.

Die Deutsche Bibliothek – CIP-Einheitsaufnahme
Amberger-Ochsenbauer, Susanne:
Zimmerfarne: so gedeihen sie am besten, so grünen sie am schönsten; Experten-Rat für Kauf, Pflege und Vermehrung; mit speziellen Pflegetips für 30 beliebte Arten und Sorten / Susanne Amberger-Ochsenbauer. – 1. Aufl. – München: Gräfe und Unzer, 1992
(GU-Pflanzen-Ratgeber)
ISBN 3-7742-1578-2

1. Auflage 1992

Redaktionsleitung: Hans Scherz
Stellvertretende Redaktionsleitung: Renate Weinberger
Redaktion: Gisela Keil
Lektorat: Renate Schilling
Herstellung: Verena Römer, Johannes Schmidt-Thomé
Umschlaggestaltung: Heinz Kraxenberger
Satz: Compusatz GmbH, München
Repro: Gartner
Druck: Pera
Bindung: Oldenbourg
ISBN 3-7742-1578-2